현대신서
193

조사와 방법론 – 면접법

알랭 블랑셰 / 안 고트만

최정아 옮김

東 文 選

조사와 방법론 – 면접법

Alain Blanchet / Anne Gotman

L'ENQUÊTE ET SES MÉTHODES – L'ENTRETIEN

© Editions Nathan, 2002

머리말

 면접 조사는 폭넓게 실행되고 있지만 잘 알려져 있지 않다. 최근까지 그것의 정당성은 불확실하였다. 최상의 경우 그것은 예술에 속하였고, 최악의 경우 단지 학문의 보조 수단에 지나지 않았다. 그것의 결과는 무엇보다 소중하지만 그것의 이론적 근거는 불충분하였다. 사회심리학에서 처음 도입된 면접은 이제 심리학과 화용론의 득을 보고 있다. 그래서 이 과정은 분석 방법으로서 뿐만 아니라 면접 그 자체의 측면에서도 구식이라기보다는 근래에 생겨난 것이다. 면접 조사는 이렇게 결과뿐만 아니라 이론적 근거의 측면에서 완전한 연구 기법을 구성한다.

 우리는 두 유형의 참고 문헌에 관한 문제에 직면한다. 즉 도구 그 자체를 기술하는 방법론 저서들과 그것을 사용하지만 일반적으로 그것을 거의 언급하지 않는 연구 저작들. 이처럼 우리는 드물게는 방법과 결과들을 다 함께 갖게 되지만 일반적으로는 하나만 갖게 된다. 이 책은 실제 환경에 그 기법을 배치함으로써 연구의 실험에서 발생하는 그 결핍을 얼버무릴 작정이다. 이중의 관점——이론가의 관점과 사용자의 관점——으로부터 인식된 면접의 역학과 그 사용, 그 기능의 원동력과 실질적 효과를 고려한다. 연구의 구체적 예는 원칙들의 설명과 관련하여 필요할 때마다 제시되었다. 우리는 또한 면접이 산출해 낸 것을 반영해서 담화가 실험되기를 원한다.

면접이 대부분의 인문과학 학문들에서 사용되는 만큼, 이 책에서는 사회학적이고 심리학적이며 민족학적이고 역사적인 조사들을 다룰 것이다. 만약 이 다양한 학문 영역을 참고하는 것이 면접 조사가 다양하게 사용될 수 있음을 암시한다면, 그것은 또한 그 사용이 매번 특별한 개념적인 배경 속에 포함됨을 강조하고자 한다.

우리는 조사의 논리적 전개를 따라 진행할 계획이다. 즉 준비, 실행, 그리고 분석의 순서를 따를 것인데, 물론 이런 유형의 조사에서 이 세 단계 사이의 상호 관계는 특히나 두드러지게 나타난다. 면접의 내력에 관한 서론과 조사의 타당 조건들에 관한 I장에 뒤이어 각 단계에 관한 세 장(章)이 올 것이다.

B. 방수상 · I. 베르토-위암 · J. 블랑셰 · M. 보종 · J. M. 자코비 · J. M. 레제 · J. 루소 · F. 드 생글리 · I. 위르다피에타 · R. 드 빌라노바에 감사를 드린다.

차　례

서 론

사회과학에서 면접의 기원: 주요 지표

조사 기법으로서 면접은 피조사자가 심문을 받는 것처럼 정보 제공을 강요받는다고 느끼지 않도록 조사자와 피조사자 사이에 충분히 평등한 관계를 세울 필요성에서 탄생되었다. 면접인과 피면접인 사이의 관계를 변화시키는 면접은 또한 산출된 정보의 속성을 변화시킨다. 우리는 조사자의 직접적 질문에 대해 정확한 대답을 구성하는 정보에서 조사자의 간접적 개입으로 획득된 담화–대답으로 이행하였다.

조사자의 질문 대 피조사자의 질문: 교환의 내력

면접은 원래 예를 들어 두 군주들 사이의 대등한 대화와 같은 외교적 언어 활동에 속하는 사회적이고 언어적인 관계의 한 유형으로, 사회과학과 그것의 방법론적 도구로 구성되기 이전부터 그것과 무관하게 존재했다. 그러나 우리는 더 최근의 시기에——1929년——웨스턴 일렉트릭에서 실시한 '간접적'이라고 말해지는 접근 방식의 탄생을 언급하곤 한다. 거기서 연구 면접의 창시자로 여겨지는 사람들, 뢰슬리스버거와 딕슨(1943)이 1943년에 언급하고 해설해서 이론화한 새로운 형태의 평가 조사가 전개된다. 처음에는 기업의 생산성의 **물질적인** 조건들에 집중한 이 조사는 전혀 예상 밖으로 노동 동기 유발에서 **개인 상호간의** 관계의 중요성을 강조했다. 이 결과에 힘을 얻어 그 조사자들은 그 당시에는 새로웠던 그 생각을 검증하고 발전시켜 그것에 조작적 기능을 부여하기를 원하였고, 교육 기간 동안 이 정보들을 재투입하기 위해서 통제에 대한 노동자들의 감정에 관한 연구를 하기로 결정했다. 그래서 단순한 도구로서의 조사가 행동 장치가 되었다. 조사는 보완적인 두 단계로 풍부해졌다. 즉 그것은 이제 질문지(이른바 직접적 접근)의 작성 이외에, 우선은 짧은 메모, 이어서 전체적 기록을 통한 간접적 접근을 포함한다. 과학적으로 구성된 학문적인 질문들에 대한 **대답**들의 연구에서 사회적 행위자들 자신이 만든 **질문**들의 연구로 점차로 이행함에 따라, 그러한 장치는 의문문의 방식으로 배치되어 중개적 단계를 구성한다. 실제로 처음에 조사자들은 노동자들이 주어진 질문과 관계 없는 질문들에 대해 말하기를 원한다는 것을 관찰하고 미리 만들어진 질문들의 부적합성을 확인하였다. 그리고 담화의 맥락이 부재하는, 그래서 질문지를 통하여 얻어진 답변들의 의미가 부재하는 답변들을 해석하는 것은 불가능하다는 것을 알았다. 그래서 피조사자 자신의 질문들이 연구의 진정한 목적이 되었다. 그 질문들은 그것들의 해석에 반드시 필요한 맥락적 정보들 속에서 재현되어서 피면접인들의 개인적인 이해를 가능하게 해준다.(Blanchet 외, 1985)

비지시적 지침은 엄밀하게 말해 사회심리학의 어휘에서 차용해 온 개념으로, 1940년대 심리 치료 의사 칼 로저스(1945)에 의해 표명되어 처음에는 임상 면접에 시행되었다가, 이후 이차 시기에는 확대되어 연구 면접에 적용되었다.

연구 면접의 탄생이 최근이고 쉽게 그 탄생일을 측정할 수 있다면, 그러나 그것의 계보는 더 오래되고 더 복잡하다. 사실 조사 프로토콜의 변형을 지배하는 것, 조사자의 질문과 피조사자의 질문을 교환하게 하는 것, 그것은 모집단(그 당시에 극빈자들과 원주민)에게 질문하는 방식에 있어서 그리고 관찰을 통한 인류의 새로운 모습의 출현에서 일어난 더 보편적인 변화이다. 이렇게 질문지에서 면접으로의 이행은 사회 조사 자체가 심문에서 나왔다는 사실과 연관될 뿐만 아니라, 예전 사회에 관한 인류학적 시선의 변화와 동시에 정신병에 관련한 치료 태도의 변과도 관계된다.

임상 과정: 파롤이라는 수단을 통해 도움을 받은 환자

피아제(1926)는 어떻게 임상적 방법이 주어진 문제의 유일한 접근 방식으로 부여될 수 있는지를 보여준다.[1] 그는 아이들이 그들의 다양한 인지 발달 단계중에 무의식적으로 세계를 어떻게 표상하는가를 연구할 계획이었다. 그에 따르면, 첫번째 조작

방식은 아이들을 표준화된 질문지에 맞추는 것이다. 그러나 이 기법은 두 가지 단점을 가지고 있다. 첫째는 발화 맥락에 접근할 수 없어서 획득된 결과를 분석할 수 없다는 점이다. 둘째는 훨씬 더 본질적인 것으로 연구 문제의 특성들에 관한 것이다. 만약 우리가 아이에게 직접적으로 "태양을 움직이게 하는 것은 무엇인가요"와 같은 질문을 한다면 그 아이는 "신입니다" 혹은 "바람입니다"라고 대답한다. 이렇게 우리는 작화증(作話症)을 일으키고 게다가 곧바로 외부적 작업이 태양의 운동을 좌우한다는 생각을 전제한다. "임상 의사의 기술은 대답을 하게 하는 데 있는 것이 아니라 자유롭게 말하게 하고, 무의식적 충동을 유도하고 억제하는 대신에 그것을 발견하게 하는 데 있다."(p.IX)

바로 이러한 아이들의 무의식적 질문들에 관한 연구가 상이한 연령에 상이한 사물에 대해 나타내는 관심을 보여주고, 예기치 않은 표상들을 발견하도록 한다. 아이가 "누가 태양을 만들었나요?"라고 물었을 때, 그 아이는 제작적 활동에 의한 태양의 이해를 발화한다. 한 쌍의 질문-대답의 이러한 방법론적 전복은 임상적 관찰의 기초를 이루고 면접의 대화적 기능 원칙들을 세운다.

프로이트가 정화법[2]을 반박할 때 그가 사용한 것이 또한 환자

---

1) Piaget J., 《아이의 세계 표상》, 1926, rééd, Paris, PUF, 1976. 피아제는 정신병리학에서 사용되는, 환자의 담화를 통해 드러난 다양한 기호들을 바탕으로 환자의 상태를 진단하는 기법을 인용해서 '임상적 방법'이라는 어휘를 사용한다.

의 참여이다. 지시적이고 유도적인 정화법의 포기, 환자가 자신의 말로 분석 방법을 배열하는 기법의 배치는 정신병리학의 고전적인 관찰 장치들을 근본적으로 갱신한 인식론적 개혁이었다.

로저스(1945)는 기본적으로 똑같은 입장을 표명하면서 모든 치료법은 어떤 권위와도 양립할 수 없다고 주장한다. 로저스에 의하면 비지시적 관점은 각 개인의 심리적 독립과 정신적 통합성의 유지에 높은 가치를 부여한 반면, 지시적 관점은 사회적 순응주의와 '더 능력 있는' 사람이 지닌 '덜 능력 있는' 사람을 지휘할 권리의 가치들 속에 포함된다. 이처럼 비지시적 방법의 표명은 치료 기법일 뿐만 아니라 사회적이고 정치적인 철학이고, 그런 식으로 자유 · 민주주의의 주제들 그리고 사람들 사이의 관계를 변화시키려는 그것들의 환상 · 유토피아 · 꿈과 조화를 이룬다.

주요한 사회 조사들: 극빈자들의 심문에서 청취까지

또한 사회 조사를 통해 연구에 대한 새로운 이해가 만들어진다. 박애주의와 사회과학이 아직 구별되지 않은 시기에 사회 조사는 지배 계급과 피지배 계급 사이의 중간 위치에 있는 의사나 '사회복지 기술자,' 공무원, 성직자에 의해 행해진다. 조사

---

2) 정신 치료 전문의가 암시를 통해 환자를 치료하고자 하는 정신 치료 방법. Cf. Freud S., 《히스테리에 관한 연구》, 1885, trad. Paris, PUF, 1956.

는 빈민층의 도덕적이고 물질적인 조건을 절대적 주제로 삼고, 이차적으로 지식들의 위계를 확고하게 세우고자 한다. 장치는 심문적이고 프로토콜은 '방문'적이다.(Leclerc, 1979) 필요한 경우에 경찰의 호위를 받을 수 있는 사회 관찰자는 방문한 가족들에게 권위적인 주제들에 관한 일련의 질문들을 부과한다. 그는 실제로는 아니라도, 어쨌든 피조사자들의 정신 속에서 어떤 의미로는 그 권위의 대표자이다. 그는 권위적 입장을 즐기고 오직 질문들의 리스트를 보유하며 그 '영역'에서만 답변을 기대한다. 그러나 실제로 그들 중 몇몇은 사실들을 충실하게 기록하는 것뿐만 아니라 가족의 신뢰를 얻고 질문지에 너무 집착하는 너무 '방법적인' 조사자가 놓칠 위험이 있는 정보들에 접근하는 것도 이로울 수 있다는 것을 강조한다. 결국 대화상대자가 말하도록 내버려두고 그의 말을 듣는 것이 바람직하다. 르 플레이는 조사자가 질문지에 기록되어 있는 대로 질문의 순서를 따라주기를 권장하면서 다음과 같은 약간의 유연성을 권한다. 노동자가 비록 주제에서 멀어지는 것 같더라도 그의 말을 끊지 마라(그의 이야기는 흥미있는 정보를 포함할 수 있다). 그리고 과도한 질문들로 그를 지치게 하지 말고 이렇게 해서 그가 무엇을 하고 있는 중인지 그에게 상기시켜야 한다. 그는 '유럽의 노동자들'에 관한 조사의 좋은 진행을 위해 "묻는 것보다 듣는 것이 더 낫다"라고 단언한다. 1862년이다.[3]

르 플레이의 관찰에 잠재되어 있듯이, 빈민자들이 심문을 받거나 그들이 거의 아무 특징이 없으므로 그들에게서 뽑아낼 수

밖에 없는 정보를 말할 때 드러내는 그들의 망설임은, 사회 조사가 피조사자의 동의를 끌어들이는 덜 권위적인 질문 형식을 취하고 정보의 생산에 더 적극적으로 참여하는 방향으로 변화하도록 공헌할 것이다. 피조사자가 협력하게 하는 것이 문제이다.

도시의 인디언들: 인류학적 방법들의 시카고 유입

사회학 조사가 사회 조사에서 점진적으로 빠져나오면서 자신의 연구 방법들을 다듬어 가는 반면에, 그것은 또한 자신의 조사 모델을 인류학에서 차용해 온다. 런던의 빈민자들에 대한 찰스 부스의 유명한 조사[4]에 영향을 받은 두 보이스는 1899년에 《필라델피아 흑인》[5]이라는 도시 공동체에 대한 최초의 체계적인 연구를 실현하였다. 목표: 필라델피아에 있는 흑인들의 삶의 모습을 가능한 한 완벽하게 그린다. 방법: 통계 및 문헌 연구, 직접 현지 조사, 참여 관찰(작가는 흑인가의 중심에서 살았다). 두 보이스는 여기서 이미 조사자의, 아무리 그가 **침착하더라도**(cold-blooded),[6] 개인적인 확신을 혼란스럽게 하는 특징을 주목한다.

---

3) Le Play F. (1862), 〈가족 모노그래프라고 말해지는 관찰 방법에 관한 지침〉, 《유럽의 노동자들》, Paris.

4) Booth C., 《런던 시민의 삶과 일》, 17 vol. Londres, Macmillan, 1902. 조사는 1889년부터 1891년까지 실행.

5) Du Bois, 《필라델피아 흑인. 사회적 연구》, rééd. New York, Schoken Books, 1967.

그러나 이러한 혼합된 형태의 현지 조사는 약 20년 뒤에나 시카고에서 파크와 토머스 두 사람의 자극을 받아 정말로 인정받게 될 것이다. 시카고학파에 있어서 지역은 세 가지 기능을 가지고 있다. 즉 그것은 가입 의식인 동시에, 사회적인 물정에 밝아지는 훈련이고, 주기적으로 근원으로 되돌아가는 시험이다. 파크가 저널리즘과 사회학 사이의 대조를 강조한 반면, 토머스는 사회학자를 책상에서 끌어내고자 애썼다.

1916년부터 파크는 자신의 논문에서 "보아스와 로이 같은 인류학자들이 북아메리카 인디언들의 생활과 존재 방식을 연구하기 위해 사용했던 끈기 있는 관찰 방법들이 시카고 북부의 하층민 동네나 리틀 이탈리아 동네에 퍼져 있는 풍습·믿음·사회적 실천·전반적인 삶의 태도에 관한 연구에 훨씬 더 유익하게 적용될 수 있다. 그리고 그린위치 빌리지나 워싱턴 스퀘어 동네 주민들의 더 기교적인 풍속을 얘기하는 데에도 유익하게 적용될 수 있다."(Simon, 1991) 실제로 시카고학파 첫 세대의 유명한 방법론적 술책은 다양한 수집 기법들을 결합한 것이다. 즉 통계 자료·기록·신문·지역 문헌의 검토, 그리고 인류학자들의 접근 방식에 직접적으로 영향을 받아서 생애사들의 수집·면접·참여 관찰을 바탕으로 한 직접 현지 조사가 그것들이다.

일상 생활의 행적들, 존재 방식들 및 생활 방식들에 관하여 주

---

6) R. 파크는 저널리스트로서의 자신의 경험을 이용하여 면접의 실행에 필요한 초연한 태도를 강조한다. 그러나 우리는 III장에서 그 태도의 범주화가 면접의 대화 배경을 규정하기에 충분하지 않음을 보게 될 것이다.

된 연구를 하는 시카고학파는 사회 현상을 그것의 자연적 배경 속에서 관찰할 것을 권장한다. 시카고학파가 영향을 준 연구 주제들 중 가장 유명한 것들만 인용하자면 《부랑자》《댄스 홀-택시》《갱》《게토》《고급 주택가와 빈민가》[7] 등이 있다. 그러나 이러한 관점에서 면접은 단지 생생하고 자료적인 다른 관찰 형식들에 결합된 기법일 뿐이다.

그래서 시카고학파와 함께 면접은 **지역**에 대한 민족지적(ethnographie) 접근 방식의 필수적인 요소가 된다. 더 이상 권력자들의 알 권리를 위해 주민의 동의를 얻고자 **다르게** 질문하지 않는다.[8] 문제는 고립된 개인들(그들이 통계적으로 접근되었을 때가 그러한 경우이다, cf. Hannerz, 1983)이 아니라, 개인들의 실질적 관계가 나타나는 실제적 다양성 속에서, 즉 그들의 사회적 맥락속에서 그들끼리 혹은 다른 사람들과 접촉하는 개인들에게 접근하기 위해 민족지학에서 구상된 기법을 적용하는 것이다. 고립된 민족적 영역, 범죄자 무리, 일탈자 또는 사회적으로 이질적인 지역의 행로들을 다루는 연구 목표들은 사회적이고 공간적인 영토, 지역으로 정의된다.(Grafmeyer & Joseph, 1979) 전체적 차원에서——도시는 생활, 신앙, 특별한 풍속들의 장소로서 인식된다——만큼이나 구역으로서도——독립 영역을 이루면서 모자이크을 구성하고 독특한 지역들로 나누어진——도시

---

7) 시카고학파의 연구는 조사의 실행에 있어서 상이한 지역 사무소들에 종속되어 있고 수정주의와 깊게 연관되어 있다.

8) 하네르츠의 책에 있는 상세한 참고 문헌에서 그것을 발견할 수 있다.

는 인디언들과 같은 이유로 동떨어진 민족지적 지역으로 분석될 수 있다.

생활 이야기와 회고적인 면접:
증인으로 요청된 피면접인

즈나니에츠키와 함께 《유럽과 미국의 폴란드 농민》(1918-20년 출판)의 공동 저자인 토머스는 연구 환경의 **내부**의 입장에서 유사 사회학을 권장하고 그의 재량으로 모든 방법들을 사용하였다. 폴란드 단체와의 접촉, 언어 지식, 기록 자료·행정 자료·단체의 참조, 개인적 자료, 다양한 폴란드 이민 가족들이 주고받는 편지들, 폴란드 이민자 부아데크가――어떻게 보면 그들의 대변자일 것이다――쓴 자서전. 토머스에게 있어 생활 이야기는 사회학적 자료의 완벽한 유형을 구성한다. 그에 있어서 상황의 주관적 표상은 객관적 사실만큼이나 실제적인 연구의 요소가 되었다.

개인의 표상들에 대한 이러한 관심은 인간 세계의 인식에 대한 딜타이[9]의 철학적 입장과 관계가 있다. 그에 따르면, 인간 세계에의 접근은 외부에서 접근할 수 있는 자연 세계와는 대조적으로 단지 내부로부터만이 가능하다. 이처럼 딜타이에 있어

---

9) Dilthey W., 《인문과학 연구 입문: 사회와 역사 연구에 부여될 수 있는 원칙에 관한 소론》, 1886, L. Sauzin에 의한 독일어 번역, Paris, PUF, 1942.

서 인문과학의 목적은 경험과 이해라는 내적인 과정을 통해 역사적이고 사회적인 현실을 그것이 지닌 독특한 점 속에서 파악하는 것이다. 이러한 관점에서 인문과학의 목적과 혼동되는 전기(傳記)에 존재하는 것이 바로 사회 문제 전체이다.

생활 이야기의 방법은 이처럼 시카고학파가 사용했던 면접법을 보충한다. 그러나 시카고학파가 개인을 공간적 환경 속에서 파악하고 도시 공간의 역학을 이해하기 위해서 면접을 동원했던 반면, 삶의 이야기는 개인을 통해 **사회적 변화의 역동성**을 파악하기 위해 개인을 시간적 공간과 역사, 그리고 변화 과정 속에서 이해하고자 애썼다. 피면접인은 역사의 증인으로 요청되고, 역사는 그의 위에서도 바깥에서도 이루어지지 않으며, 그를 통해 그의 협력과 함께 이루어진다.

이러한 역사적 환기는 면접의 토대를 이루는 것, 즉 단순히 어떤 것의 기술(description)과 재생산이 아닌 사물들의 존재 의무에 대한 의사소통과 개인들 사이의 교류 방식인 **사회적 파롤**의 생산을 함축적으로 나타낸다.(Raymond, 1984) 그것은 또한 면접의 특성, 즉 **원위치에서의**(in situ) 담화의 생산을 나타낸다. 바로 그러한 점에서 면접은 단순한 정보의 추출이 아니라, 만남과 교류의 사회적 상황이다.

I

타당 조건들

질문을 할 때에만,
답을 얻는다.

면접의 주요한 특징은 그것이 파롤적 행위를 구성한다는 데
에 있다. "라보브와 판쉘(1977)에 따르면, 면접은 A라는 사람이
B라는 사람의 정보를, 즉 B의 전기에 포함되었던 정보를 뽑아
내는 **언어적 사건**이다." 전기라는 단어는 사건의 순간에 사건
에 관해 직접적으로 수집되어 미리 동화되거나 주관화되지 않
은 채 복원되는 정보와는 대조적으로, 수집된 정보의 경험적 성
격을 강조한다. 그러나 면접이라는 간접적인 수단으로 만들어
진 정보의 주관성은 면접의 주요 속성이긴 하지만, 이것이 전
기적 정보를 사용하는 것들, 예를 들어 질문지 조사나 경찰의
심문, 대화, 정신분석적 치료로부터 면접을 구별하기에는 충분
하지 않다.

그래서 두번째로 연구 면접은 연구 활동과 관련하여, A(연구
자)의 제안에 따라 그리고 그의 공동체를 위하여 제작된다는 의

미에서 정의된다. 그리고 그 점에서 그것은 치료 면접이나 고해, 경찰의 고소, B에 의해 그리고 그를 위해 요청된 모든 파롤적 행위들과 구별된다. 그러한 관점에서 그것에 가장 가까운 것은 단지 수익자의 활동 영역에 의해서만 달라지는 경찰의 심문이다.

주어진 주제에 대한 선적인 담화를 생산하기 위해 미리 작성된 질문들을 자제한다는 조건에서, A의 요청에 따라 그리고 연구를 (그리고 대표자 B를) 위하여 전기적 정보를 제시하는 연구 면접은 질문지와 대조적인 특징을 나타낸다. 그것이 **탐색**하는 바이다.

1. 참여 방식

면접 조사는 우리가 어떤 질문을 하고자 할 때 필요한 기법으로, 미리 질문을 고정시키는 대신에 상황에 맡기는 방식이다. 이러한 도구의 가변성으로 인해, 그것을 사용하는 작가들은 기교적 규칙들을 따르지 않을 것을 선언한다. 예를 들어 프레몽티에르는 다음과 같이 이상(idéal)을 이루지 못한 것을 기뻐했다. "나는 가능한 한 최소한으로 질문을 하려고 애썼다. 환상이나 추억, 분노에 대한 독백이 천천히 표출되도록 노력했⋯⋯. 그러나 때때로 쓸데없는 이야기로 너무 오랫동안 주제를 벗어나거나 혹은 말없이 있을까 봐 두려워서 당황했기──무지하고 서

투르게——때문에, 나는 가장 불안한 순간에 이상적 면접의 원형이라는 나의 신성불가침의 방식에 매달리곤 했다. 하느님의 은총으로 나는 결코 실행하지 않을 것이다."(Frémontier, 1980, p.12) 볼탄스키는 그 이상을 의심스럽게 생각한다. "그 면접들은 양태들과, 대부분의 방법론 개론서들이 아마도 비판했었을 관계에 의해 주도된다. 그 관계는 약간 순진한 민족학자(나는 이 세계에 관해 모든 것을 배워야만 했다)가 그의 원주민 정보 제공자와 유지하는 관계에 비교할 만하고 혹은 인지심리학자가 자신의 실험과 맺고 있는 관계에 비교할 만하다. 장시일을 요하는 이러한 기획들에서 필연적으로 서로 맺어지는 관계와 우정은 말할 것도 없다. 일반적으로 공식적인 출판물들이 그러하듯이, 방법론적으로 완벽하지만 때로 끔찍하게 텅 빈 책들을 통해 교육을 받은 나는 무엇보다도 기업과 경영진들의 동의하에 직장에서 행해지는 규정적인 면접을 경계하였다. 사실 그런 종류의 상황을 조금이라도 경험해 본다면 그런 상황이 사회학자와 그의 정보 제공자 사이의 믿을 수 있고 이익이 되는 관계를 만드는 데 전혀 적합하지 않다는 것을 충분히 알 수 있다."(Boltanski, 1982, p.8)

원형적인 가설에의 이러한 불일치, 즉 질문의 표준화된 형식에 관련한 자유는 정평 있는 작가들에 의해 인정되지만 초보 사용자들에 의해 효과를 상실함으로써, 작가의 애교나 비평가들의 완화 전략이 아니라 강요의 표현을 참고한다. 즉 면접은 사회적이고 개인 상호적인 차원을 고려해야만 한다. 작가가 암시한 방법론적 공허함은 사회적으로 잘못 정의된 프로토콜의 비조작성과 다르지 않으며(관리직에 대한 면접의 공간적 배경으로서 직장의 부적합성), 그 비조작성은 면접을 이끄는 요소이자 그것의 생산성의 조건인 신뢰할 수 있는 개인 상호간의 관계를 세우는 데 실패한다. 그것이 어떤 면접 활동도 다른 것과 비교할 수 없고 각각은 독특하다는 것을 의미하지는 않는다. 또한 규칙이 존재하지 않고, 단지 규칙은 우리가 정한 목표에 따라 매번 달리 적용되어져야만 한다는 것을 의미하지도 않는다.

그 반면, 앞서 인용된 두 예에서처럼, 더 내적인 상황의 현실을 파악하기 위해 또 다른 접촉 유형을 세우고 정보의 관례적인 경로에서 빠져나오고자 애쓰는 일은 연구의 목표에 영향을 끼친다. 그것은(여전히 그 두 예에서) 사회 계층들, 즉 노동자들이나 간부들에게 사적인 영역에 관한 것부터 질문하게 한다.

조사 행위는 사회적 관계로서 면접 집단에 따라 다양하고, 또한 상호 개인적 관계로서 개별 면접에 따라 다양하다. 사실 면접의 진행을 결정하는 것은 바로 면접인/피면접인 상호 작용이다. 바로 그러한 의미에서 면접은 **만남**이다. 누군가와 면접하는 것은 단순히 질문을 하는 것이라기보다는, 우리가 제어하고 코드화하며 표준화하고 전문화하며 관리하고 원하는 만큼 낙담시킬 수 있는 독특한 사건, 또는 경험이다. 그러나 그것은 단순히 정보의 추출이 아니라 대화 과정을 문제삼는다는 점에서 기인되는 여러 미지수(그리고 위험)를 항상 포함하고 있다.

아비투스(habitus)[10]처럼 면접은 어떤 의미로는 '규칙이 있는 즉흥 연주'(Bourdieu, 1980)이다. 각 면접이 특별한 인식 효과들을 산출할 수 있는 특이한 상황이기 때문에 즉흥 연주라 할 수 있고, 그 인식 효과들을 산출하기 위해서 엄밀하게 말하자면 면접의 기법을 어느 정도 조정해야만 하기 때문에 규칙이 있는 것이다.

면접은 **여정**이다. 질문자가 표지가 완전히 설치된 지역을 나아가는 반면, 면접인은 자신의 이동에 따라 지도를 그린다. 면접은 순수하게 기법적인 조작이나 평범한 만남으로 축소될 수 없으므로, 질문지를 만드는 것처럼 상호 작용의 상황을 통합하지 않고서 면접을 한다면 연구자는 자신의 목표를 놓치게 될 것이다. 대칭적으로, 그것의 작용 규칙들을 모르면서 충동적으로 면접을 한다면 연구자는 비록 덜 가시적이지만 아주 현실적인 위험, 즉 목표를 놓치는 위험에 직면하게 될 것이다.

이러한 상호 작용과 그것의 생산적인 효력은 사회과학에서 면접의 독창성을 구성하는 것이다. 그러한 관점에서 면접은 항상 질문지와 대조적으로 정의된다. 처음부터, 다시 말해 초기의 사회 조사에서, 타인을 청취하는 것은 순수한 질문에 추가되었다. 그리고 사회 조사가 사회학 조사로 발전함에 따라 사회적 태도의 청취는 사회학적 기법이 되었다. 그래서 문제는 제안된 주제들에 관해 피조사자들을 청취하는 것뿐만 아니라 그들이

---

10) **아비투스**는 주어진 사회 집단을 구성하는 관습과 방식들의 총체를 특징짓는다.

주어진 주제에 대해 자유롭게 말하게 하는 것이었다. 피조사자들과의 사회적 친분이 시작되는 동시에, 전문적이고 독립적이된 조사자의 지위의 변화와 연관된 사회학적 차이가 창조되었다. 그러나 이 차이가 정말로 제기되고 명확하게 밝혀진 것은 더 나중에 로저스에 의해서였다. 그는 치료적 영역의 비지시적 면접을 연구 영역으로 바꾸고, 가깝고도 먼 이러한 조사자의 이상한 입장에 호의적인 중립성이라는 이름을 주었다. 그뒤를 이은 것이 바로 오늘날 언어적 상호 작용의 연구이고, 그것의 발전을 바탕으로 면접의 기법이 진보했다. 면접은 심리적이고 사회적인 여러 사실들을 표현하는 담화를 생산하는 것을 목표로 하는 기법적 장치로서 나타난다.

2. 담화 생산

연구자가 작성한 질문들에서 출발하는 직접적 질문지보다 행위자 자신들의 질문들을 찾아가는 면접이 훨씬 더 행위자의 관점에 호소하고, 그의 체험된 경험·논리·합리성을 우선시한다.

어떤 사회학적 전통?

이 생각은 여러 점에서 뒤르켐이 생각했던 사회학적 방법과는 완전히 반대로 간다. 그는 자살을 연구하기 위해 자살그래프들(suicidographes)[11]의 정보들에 어떤 식으로도 도움을 구하지 않는 것을 원칙으로 삼았다. '조금 교훈적인 만큼 의심스러운' 그것들은 단지 그들 고유의 의견과 자살 기도자들의 **동기**만을 반영하였고, 그래서 정말로 현상의 **원인**들을 파악할 수 없었다. 정보 대리인들에 의해 수집된 이 동기들은(역경, 가족적 슬픔, 엇갈린 사랑, 육체적 혹은 정신적 고통 등등) 뒤르켐에 따르면 단지 현상들의 표면적인 원인들이고, 일반적 상태의 개인적 반향들이다. 그것들은 '외부에서 온 경향[12]이 그를 자멸하도록 부추기고 그의 머릿속에 가장 쉽게 침투하게 만드는 개인의 약점을 나타낸다.' (Durkheim, 1897, p.147-148 de l'éd. 1990)

우리가 공기의 성분을 분석하고자 하는 계획을 가질 때 행위자의 이성은 지식의 측면에서 자격을 상실하지만 그 감각적 능력은 유지된다. 사회적 사실들의 사적인 표현들은 사회적인 무엇인가를 가지고 있지만, 뒤르켐에 따르면 '개인의 유기심리적 구성과 개인이 처해 있는 특별한 상황에' 종속되어 있다. 그래서 그것들은 정확히 사회학적인 현상들은 아니다. "그것들은 두 영역에 동시에 관계한다. 우리는 그것들을 사회심리적이라 부를 수 있을 것이다."(Durkheim, 1901, p.10 de l'éd. 1990) 이러한 관점에서 사회적 사실들의 개인적 반향의 탐구는 심리학적이고 동시에 사회학적으로 혼합된 대상인 사회심리학의 영역

---

11) 뒤르켐이 자살을 연구하는 저자들을 나타내기 위한 어휘.

12) 외부의 경향 혹은 유행. 이것은 행위자들도 모르게 가장 개인적이고도 가장 사회화된 선택을, 예를 들어 이름의 선택, 통제한다.(Singly, 1991)

에 속한다.

또한 면접 조사는 또한 또 다른 사회학적 전통, 즉 베버의 **인지사회학**의 전통에 포함될 수 있다. 그것의 특별한 목표는 행위자들이 행동에 부여하는 의미, 즉 주관적이고 동시에 상호 주관적인 의미를 통해 '이해할 수 있는 행동'(Weber, 1965, pp.329-330)으로 정의된 **행위**이다. 그러나 베버는 뒤르켐과 반대로 개인과 집단이 자신들의 행위에 부여하는 의미를 검토할 필요성을 강조하면서 심리적 심급를 전혀 따르지 않는다. "이러한 종류의 행위를 설명하는 것은 그 행위가 '심리적 조건들'에서가 아니라, 반대로 대상의 행동에 관하여 주관적으로 품었고(목적 지향적인 주관적 합리성) 타당한 경험들을 바탕으로 품었을 만한(올바른 객관적 합리성) 기대들로부터, 그리고 오직 이것들로부터만 유래됨을 의미할 수 있을 것이다."(Weber, 1965, p.334) 베버가 말한 주관성은 개인의 독특한 본질이 아니라, 상황의 제약과 타인과의 상호 작용 속에 있는 행위자를 목표로 한다. 그래서 베버의 설명은 본질적으로 행동의 심리적 짜임이 아니라 행동의 합리성을 강조한다.

뒤르켐이 그의 실증주의적 도식에서 '개인적 반향'이라고 부른(그리고 사회심리학에 물려준) 것과 베버가 '행위'로 지시한(그리고 사회학의 특권적 대상을 구성하는) 것은 모두 다 오늘날 우리가 '체험'이라는 어휘로 묶은 것이며, 사실상 면접 조사의 선택된 대상을 나타내는 것의 전조이다.[13] 체험의 연구는 사회적 행동과 정신 상태에 관한 행위자들의 생각을 밝히는 담화를 수집하는 것을 전제로 한다.

파롤적 사실들

대화 과정으로서 면접은 특별한 연구 도구이고 그래서 특별한 사실들을 명확하게 하는 것을 도와준다. 면접 조사는 파롤이 주요한 매체인 사실들을 탐색하는 특권적인 도구이다. 이 사실들은 표상 체계(구성된 생각)와 사회적 실천(경험된 사실)에 관계된다.

구성된 생각

면접 조사의 특권적인 사회학적 대상들 중 하나는 우리가 **이데올로기**라는 표현으로 모을 수 있는 것으로, 아도르노는 그것에 '견해·태도·가치의 조직, 인간과 사회를 고찰하는 방식'

---

13) 세기초에 이미 베버가 관료 사회에서 유행중인 목표인 체험된 경험의 추구를 비난하고, 그것의 과도한 발달을 유감스럽게 생각하며, 체험에 대한 자각이 증가하는 의미에 관해 자문한다면(차이와 존엄의 감정의 상실, 일상적 임무의 수준에서 나타나는 능력의 쇠퇴)(베버, 1965, p.445), 그는 그것을 표현과 의사소통의 가능성이 점점 진보하기 때문이라고 여긴다. 그것은 삶의 모든 영역에서 증가하는 합리화와 지성화에서 기인한다. 그래서 그것은 정말로 그의 시대와 우리 사회의 것이다.

(Adorno 외, 1950, p.2)으로 의미를 부여했고, 혹은 레이몽에 있어 이데올로기는 '표상의 조직된 총체' '세계의 어떤 비전' '준거틀'(Raymond & Haumont, 1966, p.5)이다. 오제는 더 인류학적 관점에서 점점 더 개인적인 표상들을 나타내기 위해 '우주론'과 '신화학'의 어휘들을 이용하기를 좋아한다.(Augé, 1989, p.182)

　표상들로 조직된 전체로서 이데올로기는 첫째로 인류학적 관점에 포함될 수 있고, 있는 그대로의 표상과 이미지를 만들어내는 사회에서 삶에 내재한 이러한 사회적 활동을 나타낼 수 있다. 라플랑틴에 따르면 그것은 현실의 특별한 이해 방식, 즉 '**이미지-믿음**' 방식 속에서 사회적 모델과 개인적 경험의 만남이다. 개념과 그것의 이차적 합리화인 이론과는 반대로 이러한 이미지-믿음은 항상 정서적 어조와 비합리적인 책임을 가지고 있다. 정해진 사회 혹은 사회 집단의 개인들은 그들의 생활 전체 혹은 생활의 부분에 관해 어떤 지식을 구상한다. 사회 문제와 밀접한 관련 속에 조직되고 거기에 찬성하는 사람들에게 있어서 현실 그 자체가 되는 것은 바로 해석이다. 다른 한편으로 표상의 속성은 결코 자신을 있는 그대로 생각하지 않고, 표상이 필연적으로 전달하는 불균형과 변형을 감추는 데에 있다. 그래서 이데올로기적인 지식은 단지 진실로 간주될 뿐만 아니라, 선악을 말하는 것으로 여겨진다.(Laplantine, 1989, p.278) 이렇게 표상은 현실의 반영이 아니라 현실에 속하는 것처럼 여겨질 수 있다.

　가치들의 총체로서 이데올로기는 또한 더 정치적인 정의를 참조할 수 있는데, 그러한 정의에 따르면 이러한 표상들은 존재하는 질서의 유지라는 의미에서 행위를 유도하고 지휘한다. (**Wirth**, 1936) 그러나 우리는 이데올로기적 행위를 지배 집단이 자신들의 위치를 확고히 유지하기 위해 만들어 내고 피지배 집단이 그대로 소비하는 것으로 고려하기보다는——이 경우에 사용자들의 이념에 관한 질문은 지배 계급의 다양한 선언과 텍스트들을 통해 최상의 조건들 속에서 접근할 수 있는 이데올로기의 빛 바래고 무미건조하며 변질된 반영 외에는 아무것도 파악하지 않는다——그 행위를 각자에게 자신의 삶의 공간의 일관성을 복원시켜 주는 사회 집단들의 총체를 생산하는 것으로 고려할 수 있다. 이데올로기적인 경향은 사실 베인의 표현에 따르면 '아주 다양한 관심들이 선의 관념에 보내는 경의'이다. (**Veyne**, 1976, p.671)

항상 존재하는 것을 증명하고 존재하는 것을 존재 의무로 바꾸는 이데올로기적 행위는 세계의 질서를 바로 잡고 그 구조를 강화할 뿐만 아니라, 세계를 살기에 적절하게 만드는 것이다. 그 활동은 단순히 지배 관계를 은폐하는 것이 아니라 이성을 구성한다. 그 행위는 사는 것을 도와준다. 이데올로기가 단순히 외부로부터 강요된 미화가 아니라 체계를 이루는 적합한 생각들의 구성이므로, 면접의 사용은 베인이 연구한 고대 로마의 예를 인용하자면 군주에 대한 국민의 사랑 같은 것을 설명할 수 있을 것이라는 범위 내에서——그렇다고 해서 왕의 선의를 찬양하는 것을 목표로 하는 군주제의 의식과 그것을 혼동하지는 말고——그것의 의미를 갖는다.

면접 조사는 특히 행위자가 자신의 실천들에 부여하는 의미와 자신이 적극적 증인이 될 수 있었던 사건들에 부여하는 의미를 분석하고자 할 때 타당하다. 그리고 행위자들이 방향을 정하고 결정하는 데에 기초가 되는 가치 체계와 규범적 기준들을 명백히 하고자 할 때 적당하다. 그 조사는 관념들을 주체의 경험에 연관짓는 특성을 지닐 것이다. 또한 그것은 억지로 꾸며진 것이 아닌 구체화된 관념들로 이어지며, 그 관념들을 신뢰할 수 있게 구성해서 어떤 안정성을 부여받을 것이다.

경험된 사실들

그러므로 면접의 발견적 가치는 면접이 그것의 경험적 맥락과 연관해서 표상을 파악하고 그것을 의미 작용의 망 속에 포함시킨 데서 기인한다. 그래서 문제는 단지 기술하게 하는 것이 아니라 그것에 대해 말하게 하는 것이다. "끊임없이 개인의 문제를 집단의 쟁점으로 표현하고 집단의 쟁점에 풍부한 인간적인 의미를 부여하는 것은 (⋯) 사회학자의 일이다."(Mills, 1978, p.198) 이러한 인용은 경험된 사실들의 수집이 가질 수 있는 의미, 즉 사회적 시간과 공간 속에 위치한 구체적이고 실질적이며 독특한 **개인의 문제**와, 경험된 사실들이 이해될 수 있고 해석되어져야만 하는 **집단의 쟁점** 사이의 연관을 설명한다. 우리가 묻고자 하는 사회적 사실들의 개인적 **표현**을 이해하는 것은 일상 생활에서 연결된 대로 시련과 쟁점이 결합된 텍스트를 찾는 것이고, 행위자의 고유한 범주들을 바탕으로 실행되는 자연적 공간 속에 사회적 삶의 전개를 재현하는 것이다.

경험은 다소 구체화되고, 약간은 제도화되고, 조금은 일회적이거나, 혹은 정반대로 외연적인 사실들에 관련될 수 있다. 이것은 삶 전체(전기, 역사의 경험으로서 생애사), 삶의 한 부분(결혼 경험으로서 결혼 생활의 시작) 혹은 사회적 여정(직업적 경력 혹은 이탈적 경력 재구성), 정확한 전문 지식(사무실이나 공장 세계의 경험으로서 일, 사회적 소속 경험으로서 언어), 더 산만한 지식(질병의 경험, 이웃 관계, 지역의 삶), 더 일시적인 문제(원조 제도의 활용, 기술 변화의 적응), 습관(부부 사이의 가사 조정), 행위 과정의 재구성과 수련 과정(업무의 형식화), 정신적 조직과 기능(임상 및 진단 연구)이 될 수 있다.

말의 위상

면접을 통해 수집된 담화는 무의식까지는 아니더라도 잠재적인 수준에 이르면서 면접인이 방어 체계와 대면하고 있다——그것을 속이는 것이 그의 능력이다——는 것을 나타내는 어떤 '깊이'로 특징지어진다. 만약 실제로 면접이 피면접인에게 있어 일련의 대담하고 위협적인 폭로처럼 나타나고, 면접인이 자신의 대화자를 잘못 보호된 영역으로 이끌게 된다면, 그것은 심리적이거나 정신분석적인 이유들보다 사회학적인 이유들 때문인 것 같다. 연구 면접중에 야기된 저항들은 무엇보다도 일련의 두 요소들에 연관된다. 즉 대화 속에 실행되는 객관화 과정과 표상의 영역화이다.

객관화는 피면접인이 말을 할 때 그가 이미 구성된 담화를 전달하는 것이 아니라, 말을 하고 인지 경험을 변형하며 처리적 영역(행위 지식)에서 진술적 영역(언어 지식)으로 이행하면서 담화를 구성한다는 사실을 참고한다. 왜냐하면 사실들은 '체험된 현실로서 존재하지만, 그것들은 질문·관찰·경험의 과정중에 만들어지기'(Rabinow, 1988, p.137) 때문이다. 단지 함축적이었던 것을 명료하게 하고, 지금까지 자명했던 것에 대해 설명하며, 내재화했던 것을 외재화하는 피면접인은 알려지지 않은 것에서 말해진 것으로 이행하고, 그 어휘의 이중 의미대로, 그 자신의 바깥에 있으면서 동시에 마주한 채 표출된다. 그는 자신의 말의 무례함 앞에서만큼이나 그것의 새로움 앞에서도 주저하고 싶어할 수 있다.

표상의 영역화는 고프만(1973)이 정의한 행동의 영역화을 모방한 것으로, 모든 표상들은 어디서나 어떤 상황에서나 표현될 수 있는 것이 아니라, 다소 견고하고 서열화된 영역들로 구조화된다는 사실을 언급한다. 그러므로 낯선 면접인에게 내밀성의 상징인 침실에 대해 말하는 것은 무례하고 거북하고 부적절할 수 있다. 혹은 그 영역에서 직업적인 이유들이 우세하다고 여겨질 때, 직업의 변화를 설명하기 위해 가정적 이유들을 언급하는 것은 가치를 떨어뜨리는 것이 될 수도 있다.

이러한 일련의 두 이유들로 인해 연구 면접중에 피면접인이 나타내는 저항은 인식의 정신분석적 이론보다는 실행중인――
그리고 발화 행위에 선재하지 않는(사물화된)――사회적 담화
의 이해와 한 영역에서 다른 한 영역으로의 이행을 방해하는 상
이한 영역들로 구성된 이데올로기의 이해에 관련된다. 그것들
은 심리적 억압 과정보다는 체면을 잃지 않으려는 욕망에(피면
접인이 모르는 상태에서 나아가기 때문인 동시에 관례적이지 않
은 장면에 관한 담화를 산출하게 되기 때문에) 훨씬 더 연결된다.

3. 주요 적용 분야

면접 조사는 다양한 분야에서 적용된다. 예를 들어 개인의 내
적 생활 및 개인들 사이의 의사소통과 관련된 것, 소공동체들
의 생활 방식, 그리고 더 일반적으로 사회적 미세 현상들을 포
함하는 모든 것이 이 방법으로 접근될 수 있다.

면접 조사는 우리가 보았던 것처럼, 인간 행동 연구(사람들이
뭔가를 할 때 일어나는 것)를 위한 경험심리학과 아동 발달 연구
같은 응용심리학에 사용된다.

민족학이 이 조사를 사용할 때 대개는 직접 관찰의 프로토콜
속에 이런 유형의 수집을 포함함으로써 기술적이고 정보적인
성격을 면접에 부여한다.

사회학에서 '문화주의자'라 불리는 그룹의 연구는 모든 종류
의 개인적 자료 및 통계 자료 수집을 이런 유형의 자료와 연결

하면서 이것에 폭넓게 의존했다. 게다가 면접에 대한 방법론적 성찰의 대부분은 바로 이러한 미국의 연구를 바탕으로 해서 발달했고, 특별한 기법들(집중 면접)은 계속 수정되었으며, 상호 작용의 개념에 더 집중하기 위한 정밀한 분석들이 증가했다.

오늘날, 면접 조사는 실질적으로 사회학의 거의 모든 영역들에서 사용된다. 예를 들어 도시사회학 및 인류학, 사회 계층·사회 이동·이동 과정 분석이 있다. 또한 노동·가정·문화·교육사회학들이 특정한 연구들을 위해 그것을 사용한다. 즉 연구의 공적인 주문의 발달이 강하게 영향을 미치고, 가장 다양한 분야에서——예를 들어 보건, 사회수당, 복지 시설, 실업——사회복지 정책들에 대한 평가 조사를 하는 복지 국가의 사회복지 문제들이 관계하는 모든 영역들에서 그것을 사용한다. 그래서 프랑스에서 연구 면접이 가장 자유롭게 침투했던 분야는 응용과학이다.

공공 및 유사 공공 분야들 옆에서 이런 유형의 조사를 가장 많이 사용하는 곳은 소비자의 욕구와 그의 행동 동기를 파악하는 응용심리학 연구인 구매 동기 연구와 시장 연구이다. 최초로 더 참여적인 문제 제기를 했던 행동 연구[14]는 대개 집단 면접을 통해 제도적 쟁점들을 인식시키기 위해 이런 유형의 조사를 사용한다.(Giami, 1985)

---

14) 연구된 계층에 대한 결과들을 적용해서 그 계층을 변화하게 하고자 하는 연구.

사용자의 논리를 조사하는 모든 곳에서 우선적으로 사용된 면접 조사는 복지 국가의 사회학 그리고 더 폭넓게는 사회 연구의 구체화된 형식을 구성한다. 게다가 그것은 풍속 분석의 도입과 토대를 구성하면서, 넓은 의미의 일상 생활의 연구 발달과 공존한다. 그러므로 면접 조사의 사회학적 목표들은 실용적이고도 이론적이 될 수 있다. 다른 한편 면접 조사는 시민들의 사회학 그 자체가 점점 더 중요한 역할을 하게(복지 국가의 확대로 인해)되고, 일상 생활의 사회학이 사회학 연구의 주요한 핵심이 되는 모든 이유를 지니게(소비 사회에서 이러한 심급의 주요 특징을 고려하여) 될 때에만 비로소 발전될 수 있다.

더 명확하게 하기 위해 우리는 연구 방향의 변화에 따라 이 적용 예들을 3개의 하위 그룹으로 구분하였다. 상대적으로 그 경계가 모호함에도 불구하고 다음처럼 구별할 수 있다. 표상에 중심된 연구, 표상과 실천에 동시에 관련되는 연구, 그리고 실천에만 집중된 연구.

표상에 관한 조사

사고 방식에 관한 이 조사는 피면접인의 주관적 논리, 추론 및 이해에 중점을 둔 면접을 기초로 해서 획득된 양태적인 담화[15]의 생산을 가정한다.

《질병인류학. 현대 서양 사회에서의 치료 및 병인 표상 체계에 관한 민족학적 연구》(Laplantine, 1986)

이 조사는 주관적(자신의 병을 해석하는 환자의 주관성)으로 뿐만 아니라, 객관적(객관적 의학 지식과 그것에 내재한 가치들)으로 질병을 분석하려는 목표를 지닌다. 이것은 모든 관련 분야와 수준――공식 의학과 민간 요법, 표상과 환상, 명백히 학문적일 뿐만 아니라 대중적이고, 구상되면서도 무계획적인 이론적인 해석――을 고려하고, 사회와 사회 집단 및 개인 사이의 다양함 너머로 "영속성과 항구성이 존재한다. (…) 질병을 경험하고 완전하게 치료하려는 희망의 불변량이 측정될 수 있고 수적으로 유한하게 존재한다"(Laplantine, 1986, p.14)는 것을 보여준다. 병인(질병의 기본적 형태들)과 치료(치료의 기본적 형태들)의 모델들을 명확히 하기 위해서 두 유형의 근거를 동원한다. 문헌적 근거(서양에서의 의학 사상과 의학에 관한 역사 서적, 일반 대중을 위한 메디컬문학, 문학 텍스트) 그리고 환자들(약 50명)이나 일반의들(약 30명)과의 면접이 있다. 앞의 면접은 환자 자신이 자신의 질병에 대해 하는 해석에 집중하고, 후자는 의학의 일상적 실천과 질병들의 원인 파악에 관한 것이다.

---

15) 양태적 담화는 화자의 심리적 상태를 표현하는 것을 목표로 하는 담화이다.(cf. III장)

표상과 실천에 관한 조사

실천적 **체계**(실천과 그에 연결된 것, 즉 이데올로기 · 상징 등)의 인식을 목표로 하는 이 면접은 한편으로 행위자들의 이해에 대해, 다른 한편으로 실천들의 기술에 관해 집중된 면접을 바탕으로 해서 획득된 양태적이고 지시적인 담화들[16]의 생산을 필요로 한다.

《빌라 주민들》(Raymond, Haumont, 1966)

도시사회학 연구소가 1966년에 한 면접은 대형 혹은 소형 아파트 단지에서 지배적으로 발전하는 도시주의를 배경으로 했고 (20년 동안 개인 주거보다 집단 주거가 2배 더 많이 지어졌다), 주민들의 실제적인 혹은 가정된 불만족에 관한 보고서를 출발점으로 삼았다.('대형 아파트 단지의 문제점') 많은 질문지 조사들이 개인 주택에 대해 나타내는 프랑스인의 선호도를 진단함으로써 우리는 "이러한 선호가 단지 단순한 동기에 관련되는 것인지 혹은 더 총체적으로 생활 방식의 선택에 관련되는 것인지"(Raymond, Haumont, 1966, p.4)를 자문할 수 있었다. 그러한 경우에 집단 주거는 기껏해야 일시적인 해결책을 줄 뿐이고, 결코 만족스런 상황을 만들지 못할 것임을 예측할 수 있었다. 그

---

16) 지시적 담화는 사물들의 상태를 기술하는 담화이다.(cf. III장)

래서 문제는 다음을 검토하는 것이었다. 즉 우선은 빌라가 주민에게 있어서 단순히 주거 방식 외의 다른 것을 의미하고 이상적 생활 방식을 표상할 수 있을 정도의 상징 체계가 존재하는가. 그리고 그런 체계가 부재하고, 주거 형태 속에 그리고 그것을 통해 정신적인 투자가 불가능하다는 점이 어느 정도로 아파트 단지의 주민에게 거북함을 주고 이 주거 형태에 대한 전적인 동의에 장애를 이루는가. 조사의 목적은 만족의 **등급**(정해지고 수량화할 수 있는)을 측정하는 것이 아니라 공간과의 **관련**, 더 정확하게 말하자면 물질 세계(빌라의 공간과 실천)와 상징 세계(실천을 통한 공간의 의미 작용) 사이의 관계들의 체계가 존재함을 증명하는 것이다. 이처럼 조사는 공간 → 실천 → 의미 작용의 연속체들을 벗어나게 할 수 있는 유일한 것인 면접 연구를 필요로 했다. 3백 건의 면접 중 3분의 2는 빌라의 주민들에게, 3분의 1은 아파트 단지의 주민들에게서 얻어졌다.

《아웃사이더. 일탈의 사회학적 연구》(Becker, 1985)

"어떻게 마리화나 흡연자가 되는가"라는 제목을 지닌 이 연구의 목표는 '마리화나의 육체적 경험을 직접적으로' 따라하고, '마약 사용에 관련하여 미국에서 점진적으로 전개한 다양한 사회적 통제들에 대해 개인이 반응하는 방식'을 연구함으로써, 베커가 마리화나 흡연가의 **행로**라고 부르는 것을 재구성하는 것이다.(Becker, 1985, p.65) 성향이 아니라 행로는 마리화나 흡연가가 불안정하고(그의 태도는 시간에 따라 변화한다), 그래서 추측하건대 부분적으로 그의 인격과는 무관한 상황에 따라 움직인다는 점을 확인해 준다. 그 저자는 마리화나에 관한 자신의 경험과, 마약 사용의 실질적인 변화로 표출되는 개별적 경험 도중의 마약에 대한 태도 변화에 관한 연구에 중점을 두면서, 흡연가가 '장난삼아 마리화나를 피우게' 된 이유가 개인의 심리에서 결정적으로 미리 정해지는 것이 아니라 경험을 통해 구성된다는 것을 보여주고자 했다. 그리고 그는 일탈 행동(여기서는 마리화나의 사용)을 일으키는 것은 일탈 동기들(개인이 대처할 수 없는 심리적 문제들로부터의 도피 욕구)이 아니라 '시간이 감에 따라 일탈 동기를 만들어 내는 것이 바로 일탈 행동'임을 보여 주었다.(p.65) 흡연가들에 대한 약 50건의 면접을 바탕으로 한 이 연구는 원인적 문제 제기(왜 일탈자가 되었는가?)에서 양태적 문제 제기(어떻게 일탈자가 되었는가?)로의 이행의 좋은 예시이다. 학습 방식(방법 · 효과의 인식 · 효과에 대한 취향 학습)과 다양한 형태의 사회적 통제에 대해 전개된 반응(공급 전략과 사회적이고 도덕적인 처벌의 회피 전략)을 목표로 하는 이 연구는 실천적 측면——마약 사용의 시작, 끝, 유지——뿐만 아니라 이러한 변화들의 이유——마약의 사용과 그것의 억제에 대해 개인이 갖게 되는 이해——에 관한 개인적인 경험들의 이야기를 전제로 했다.

실천에 관한 조사

이 연구들 중에 어떤 사회 집단의 생활 주기, 생활 방식, 그리고 문화의 물질적 측면들에 관한 저작들이 나타난다. 자신이 생각한 것이 아니라 체험을 해서 알고 있는 것에 관해 질문을 받은 피면접인은 정보 제공자로 여겨진다.(Bertaux, 1980. p.209) 이런 유형의 면접은 이전의 것들보다 더 기술적이고 서술적인 것으로 지시적인 경향의 담화를 유발한다. 그것은 피면접인의 말하고자 하는 욕망에 호소하고, 주로 연대순 구조의 유형에 부합한다.

《일상적 말투——미국 흑인가의 언어》(Labov, 1978)

이 연구는 미국 대도시의 매춘 구역에 사는 젊은 흑인들의 **사투리**와, 거리의 문화 세계에 완전히 몰두한 젊은 집단들의 **사회적 조직**에 관한 것으로 처음에는 교육부가 자금을 댔다. 그 당시에 교육부는 뉴욕의 학교에서 읽기 교육을 실패함으로써 걱정을 하고 있었다. 이 문제에 동원된 연구 팀은 그 젊은이들의 언어 자체(비표준 영어)가 '교육에 부적절하고 논리적 사고에 부적합'(Labov, 1978. p.13)하다는 '결핍' 이론과는 반대로, 실패의 원인은 교실에서 작용하는 정치적이고 문화적인 갈등에 있다고 가정했다. 그래서 사투리의 사용을 그 자체로서 뿐만이 아니라 그러한 갈등들의 표현으로서도 인식하게 되었다. 그래서 그 조사는 미국 흑인 사투리의 언어학적 특징(문법과 음성 체계)과 함께 비표준 영어 사용의 사회적 논리(사투리의 사회적 배경)를 목표로 했다. 요컨대 일상적이고 관례적인 표현에서의 언어 자체뿐만 아니라 학교 교육과 집단에의 귀속을 목표로 했다. 거리와 집단의 문화에 아주 강하게 뿌리내린 언어가 문제이기 때문에, 사투리의 출현에 적당하지 않은 개인 면접으로는 충분하지 않았다. 상호 작용들의 자연스런 놀이를 복원하기 위해서 집단 회의를 이용해야만 했다. 우리는 중앙 마이크로 집단의 담화를, 분리된 소형 마이크로 멤버들 각각의 담화를 녹음했다. 개인-집단-개인 과정(면접 혹은 그룹 각 멤버의 개별적인 재면접)은 이렇게 두 그룹의 흑인들과 두 (대조) 그룹의 백인들에게서 반복되었다.

《조작자들의 목표에 따라 업무를 기술하기》(Sébillotte, 1991)

직업적 지식에 대한 인식 저하에 관한 이 방법론적 연구는 실무 지식의 전달을 용이하게 하는 것을 목표로 하고, 업무가 조작자들에 의해 습관적으로 인지되고 합리화되는 만큼 업무의 기술에 관한 자료들의 수집 방식을 제안한다. 목표는 특별한 상황들과 무관하게 업무들을 기술하게 하는 것으로(업무를 실행하는 순간에 성과를 평가하는 인간공학적 접근과는 반대되게), 특히 면접을 통한 언어적 표출의 방법을 정당화했다. 오직 이 면접만이 조작자가 인식한 대로, 즉 그가 초보자에게 설명하고 조언할 수 있는 것, 업무의 논리를 나타나게 한다. 준통제 면접은 어느 정도 주체가 자유롭게 표현되기도 하고, 어느 정도는 면접인에 의해 위계화되어 조작자들의 언어적 표출이 가장 추상적인 것에서 가장 상세한 것으로 유도되기도 한다. 획득된 결과는 기술의 최종 목표와 업무에 적합한 형식주의를 이용하는 모델화에 이르렀다.

이 저작들은 면접 조사를 다양하게 이용했고, 정확한 목표들에 부합하는 조직된 활동들을 필요로 했다. 면접의 준비·실행·분석이 제기하는 다양한 문제들은 다음 장에서 다루어질 것이다.

II

―――

조사 준비

조사 준비는 대상을 구성하는 작업이 실현되고 난 이후에 온다. 우리는 참고로 이 단계가 다음을 포함하고 있음을 상기시킬 것이다.

― 질문의 작성. 선개념들과 단절하는 첫번째 작업. 명확성, 실현 가능성 및 적합성이라는 세 가지 관점에 부응해야만 한다.

― 문제 제기의 선택. 즉 읽기 혹은 경우에 따라서는 예비 면접을 바탕으로 해서 정해진 이론적 관점에 따라 질문 등록.

― 가설 표명. 일종의 '잠정적 대답.' 자료 수집과 질문의 과정에서 지도 원리의 구실을 하는 문제 제기의 전조작적 표현.[17]

그래서 엄밀한 의미에서의 조사의 의도, 즉 가설이 사실을 통해 검증되는 조작의 총체가 오는데, 그것은 우리가 정했던 목표에 부응할 수 있어야만 한다. 바로 여기서 이러저러한 유형의 조사에 대한 선택이 명백하게 이루어진다(비록 그 조사가 문제와 문제 제기의 표명에 암묵적으로 포함될 수 있다 할지라도 말

―――――――――

17) 이 모든 문제들에 관해 R. Quivy et L. van Campenhoudt, 1988를 참고.

이다).

우리는 계속해서 다음을 검토할 것이다.

— 질문지 조사 대신에 면접 조사 방법의 적절성.

— 면접(예비, 본, 보충) 조사 사용.

— 조사 준비의 세 가지 작업: 모집단 및 표본 규정, 피면접인에게 접근하는 방식 선택, 면접 계획 구상.

1. 면접 조사 방법의 적절성

어떤 조건에서 자료의 산출 방식으로 면접을 사용하는 것이 적절한가? 인문과학은 네 가지 주요 방법론, 즉 문헌 연구, 관찰, 질문지, 면접을 사용한다. 이 접근 방식들 각각은 문제 제기의 유형에 관련되는데, 오직 질문지와 면접만이 언어적 자료를 생산하는 방법이다. 우리는 그것들의 중요성을 고려해서 면접과 질문지 각각의 사용을 비교할 것이다.

질문지와 면접은 다양한 방법론적 과정들 속에 포함된다. 각 기법은 다양한 자료들을 만들어 내는 특별한 대화적 상황을 표현한다. 즉 질문지는 대답을 유발하고, 면접은 담화를 구성하게 한다. 질문지가 만든 의견(혹은 태도)은 '바깥에서 주어진 완성된 대상에 대한'(질문) 개인들의 반응을 내포한다. 게다가 주체가 설문 조사에 대답을 할 때, 대답이 표명되는 맥락이나 대답의 기초가 되는 판단 기준에 대해 어떤 것도 언급되지 않는다.

그래서 수집된 의견들의 안정성은 허약하다.(Moscovici, 1969)

의견들과는 반대로 면접을 통해 수집된 담화는 질문에 의해서가 아니라——비록 대화 과정을 통해 구성되었다 하더라도——구체적이고 상상적인 경험의 연장을 통해서 유발되거나 만들어진다.

이렇게 면접과 질문지 사이의 선택은 본질적으로 조사된 자료들의 유형에 달려 있다.

우리가 준거 세계를 모른다거나 조사된 정보들의 내적 일관성의 체계를 **선험적으로** 결정하고 싶지 않을 때마다 면접이 필요하다. 질문지는 우리가 준거 세계를 알고 있다는 것을, 미리 알고 있든지 혹은 조사된 정보들의 내적 일관성 체계에 대해 전혀 의심이 없든지, 내포한다. 질문지는 판별 요인들을 미리 선택해야 하는 반면, 면접은 결정 요소들을 **선험적으로** 분류하지 않아도 된다. 다른 한편 질문지는 표준치를 정할 수 있고 일정한 간격으로 배열할 수 있는 반면, 면접은 행위의 영역들의 불연속적인 성격이나 서열을 속단하지 않는다. 결국 면접은 개인이나 한정된 집단의 연구에는 적절하지만, 많은 수의 사람들에게 질문하는 것이 필요할 때 그리고 대표성의 문제가 제기될 때는 너무 비용이 들고 적절하지 않다.

목표된 결과들에 관해서 면접 조사는 '왜'와 같은 원인을 나타내는 질문을 할 수는 없지만, 과정과 '어떻게'는 나타나게 한다. 질문지는 특정한 모집단들의 특징들에 관한 정보를 주며, 그것들을 분류하면서 기술적 특징과 행동 사이의 가능한 인과 관계를 세울 수 있다. 면접은 행위의 논리와 그것의 작용 원칙[18]을 드러낸다. 질문지 조사는 판별하고, 면접 조사는 **귀납적으로** 구별한다. 면접은 사물들의 흐름을 보여주고, 연구된 현상들 속에 포함된 요소들, 그것들의 그릇이나 외관이 아니라 그것들의 구성 요소를 제시한다. 그리고 행위자 고유의 합리성을 제시하는데, 이것이 행위자를 어떤 사회적 공간 속에서 살아가도록 만드는 것이 아니라 행위자가 이것을 바탕으로 그 사회적 공간 속에서 살아간다.

면접 혹은 질문지?

예:

영화관에 가기. 우리는 왜 사람들이 영화관에 가는지, 왜 어떤 사람들은 거기에 가고 어떤 이들은 가지 않는지, 왜 인과 관계의 측정이 비교에 의해 실행되는지 자문한다. 그때부터 우리는 실천에 관해(그들은 영화관에 가나요 안 가나요?) 그리고 그 실천에 연결되어 추정된 어떤 특성들에 관해(연령, 사회 직업적 범주 혹은 학위, 주거 형태, 자녀 수 등등) 표본 개인들을 대상으로 질문들을 할 것이다. 질문지는 실천과 그 실천의 판별 요소들을 연관짓는 것을 목표로 할 것이다. 질문은 다음이 적당하

---

18) 인과 관계의 문제를 포기하는가 혹은 행동이 명확한 명분을 가지지 않지만 잠재적 상황들의 특별한 실현을 나타내는 인과 관계의 목적론적 이해를 실행하지 않는가?

다. 어떤 사람들은 영화관에 가고 어떤 사람들은 가지 않게 **만드는 것**은 무엇인가? 관객의 상태와 비관객의 상태를 구별하는 것은 무엇인가? 반대로, 무엇이 사람들을 영화관에 **가게끔 하는**가? 무엇이 잠재적 관객 상태에서 실제 관객 상태로 이행하게 만드는가라고 질문한다면 면접 방식이 정당화된다. 면접은 다음을 보여줄 것이다.

— 우리가 영화관에 가는 조건들: 혼자, 가족, 여럿

— 우리가 영화관에 가는 이유들, 사교성의 측면(개인적 자유 공간 획득, 가족 외출, 친구들 만나기, 우연한 가능성 준비……) 그리고 문화/여가의 측면(기분 전환을 위한 영화 관람, 교양을 높이기 위한 영화 선택……), 모든 질문들은 물론 다소 개방형 질문지를 통해 논의될 수 있을 것이다.

그러나 그것들 중에서 오직 면접만이 그 모든 요소들을 연결하는 논리적 구성을 가지고 그 요소들이 산출된 사회적 맥락 속에서 요소들을 위치시킬 수 있다.

2. 면접 조사의 다양한 사용

면접 조사는 연구 과정의 상이한 단계들에서 다양한 용도로 이용될 수 있다.

— 질문지 조사를 연구하고 준비하기.

— 문제를 분석하고 주요 정보원(源)을 구성하기.

— 조사를 보충하거나 질문지나 문헌 자료를 통해 미리 얻은 결과들을 그 맥락 속에 다시 배치하기.

문제 제기의 진행 정도와 가설들의 구상 정도에 따라 조사는 여러 가지로, 특히 면접의 계획과 관련해서(cf. III장) 구상될 것이다.

예비 면접 조사

예비 면접은 연구자가 자발적으로 생각할 수 없는 현상의 측면들을 밝히고, 그것을 통해 제시된 작업 과정을 보충하는 기능을 지닌다. 그래서 일반적으로, 예비 면접은 실천들이 구조화되는 정신적이고 상징적인 세계를 최대한으로 드러나게 하기 위해 "그것은 당신에게 무엇을 의미합니까?" 같은 유형의 지시문과 함께 양태적 경향이 될 것이다.

면접은 우리가 봤던 것처럼 그것 자체가 예비 과정이라는 범위 내에서 조사의 예비 단계에서 특히 좋아하는 도구이다. 왜냐하면 그것은 질문 변화의 영속적인 가능성을 내포하고 있고 연구가 진행되는 내내 '가설들의 재표명 및 계속적인 검증의 과정'(Thompson, 1980)을 허용하기 때문에, 그것은 특별히 출발 가설이 아직 불완전하게 표명되는 조사 초기에 제시된다. 그 점에서 그것은 질문지와는 근본적으로 대립된다. 톰프슨은 생활 이야기에 관해서 이러한 대립을 분명히 한다. "……질문지를 통한 고전적 조사는 연구 초기에 전제된 가설에 따라 결정적으로 선택된 질문들의 효율성과 적합성에 따라 좌우된다. 그래서 그것은 만약 자신의 항들을 재검토할 어떤 발견이 있다면 힘을 잃게 된다. 그러나 생활 이야기의 방식은 정보 제공자와의 대화라는 범위 내에서 질문과 탐색의 결합에 기초하고 있다. 즉 대화는 연구자가 예기치 않은 일을 받아들일 준비가 되어 있다는 것과 더 나아가 정보가 수집되는 전체적 틀은 연구자가 아니라 정보 제공자에 의해, 더 정확히는 그 정보 제공자가 자신의 삶을 바라보는 방식에 의해 결정된다는 것을 의미한다. 그 범위 내에 포함되어야 하는 것은 연구자의 질문이지 그 반대는 아니다. 그리고 이런 유형의 면접에서 본질적인 것은 직접 질문들을 참고하지 않고 표현되는 것이 보통이다. 이처럼 이러저러한 질문의 정확한 형식은 분석에 있어서 중요한 역할을 하지 않는다. 그리고 우리는 조사가 진행될수록 새로운 질문들에 흥미를 가지고, 더불어 조사의 일관성을 해치지 않는 범위에서 관심의 초점을 이동시킬 수 있다."(Thompson, 1980, pp.254-255)

질문지 조사의 예비 면접

《자녀의 결혼 이후의 가족》(Roussel & Bourguignon, 1975)

1975년에 실현된 이 조사는 핵가족의 파슨스 모형과 '자녀의 가정과 두 기원 가족들 사이의 분리'(p. 2)를 재검토하는 데서 출발하였다. 그 조사는 자녀들의 결혼 이후에 부모와 자녀 사이의 관계와 접촉을 평가하고, 그 결과 '약해진 연대감의 잔재 혹은 여전히 생생한 교류'(p. 2)를 이해하는 것을 목표로 했다.

그래서 새롭고——적어도 프랑스에서는——복잡한 문제에 접근하기 위해서 작가들은 우선 질적인 정보들을 찾는다. 조사는 '2천5백 명의 엄청난 대표 표본을 대상으로 할 질문지의 구상과 수정에 참여하는 것'(p.149)을 첫번째 목표로 삼는다. 두 개의 보충 기설이 표명되는데, 힌편으로는 부모와 자녀 사이의 가치 체계의 단절에 관한 것이고 다른 한편으로는 세대간의 불균형한 교류 가능성에 관한 것이다. 40개의 준지시적 면접이 부모와 자녀에게 실행되었다. 부모에게는 "당신과 당신 자녀와의 관계에 대해 말해 줄 수 있습니까?" 결혼한 자녀에게는, "당신과 당신 부모와의 관계에 대해 말해 줄 수 있습니까?"라고 질문하였다.(p.150) 면접은 자유롭게 진행되었다. 그러나 만약 필요한 질문이 자연스럽게 접근되지 않는다면, 조사자는 질문의 탐색에 적절한 지시문을 도입한다. 연구의 다양한 주제들은 조사 대상의 정서적 상태, 부모와 자녀 사이의 거리, 가정적이고 사회적인 가치 및 전통에 관한 태도들에 관련된다. 그래서 되받기는 관계들의 빈도·속성·유형, 면접 때에 논의되고 회피되는 문제들, 결혼 당시와 이후에 재산과 서비스의 교류, 부모와 자녀 각각의 결혼 경험의 대조에 관한 것이다.(p.150) 이 질문들의 발견적 영향은 그것들의 구체적이고도 사실적인 특징들 속에 있고, 동시에 잠재적인 의미 작용 위에서 구성되어 있다.

담화적 자료에서 미래의 폐쇄형 질문들의 표명으로 이행되는 것은 바로 두번째 시기에 주제 분석이라는 수단을 통해서이다. 예로서 부모의 질문지는 동일시에 관한 전통적인 질문들 이외에 결혼 그 자체에 관한 질문들을(결혼 발표 · 준비 · 비용 · 배우자에 관한 의견들) 포함한다. 그리고 결혼 이후(원조 · 주거 · 직장 · 출산), 부모-자녀의 관계(방문 · 원조 · 조언 · 다양한 교류), 피질문자의 결혼과 그 자녀의 결혼에서 그리고 피질문자의 생활 방식과 자녀의 생활 방식에서 나타나는 태도 변화, 조부모와 손자 사이의 관계, 재산 상속 · 퇴직 · 친권 행사 · 가족 일반에 관한 질문들이 포함된다.

그러나 연구 초기의 면접 조사에 대한 관심이 항상 본 조사의 구상 전 단계에만 국한되지는 않는다. 외연적인 조사를 이해하는 데 도움이 되기 위해 고안된 면접은 또한 자신만의 고유한 목적을 지니고 있을 수 있다. 이렇게 앞의 예에서 면접은 또한 '질문하고 질문지에서 얻은 대답을 설명할 수 있을 뿐만 아니라, 가족의 상황을 그 역사와 변화 및 의미 작용 속에서 이해할 수 있도록……'(p.149) 특별한 경우들을 더 깊이 있게 탐색할 수 있다. 이처럼 면접은 주제 분석과는 다른 특별한 처리의 대상이 되면서——외연적인 조사에 관한 그것의 보완적이고 예비적인 역할 이외에—— '내포적인 차원'(p.149)을 도입하게 한다.

본 면접 조사

이것은 면접이 주된 정보 수집 방식인 조사이다. 이러한 사용은 가설들이 설명적 모형들로 구성되고 조직되는 것을 전제한다. 이러한 경우에 그 자체가 구조화된 면접 계획은 산출된 자료들이 가설들에 대조될 수 있도록 구상될 것이다. I장에서 언급한 빌라 주민들, 마리화나 흡연자들, 사투리, 업무들의 형식화에 관한 조사들은 모두 이 범주에 속한다. 다음의 연구는 어떻게 개인적 표상들의 설명을 통해 사회문화적인 모형이 추출될 수 있는지를 잘 보여준다.

《건강과 질병. 사회적 표상의 분석》(Herzlich, 1969)

질병은 공유할 수 없을 것 같은 개인적 경험으로 체험되지만, 일련의 사회적 경험들을 통해, 가족과 간호 인력들과 건강을 책임지는 다양한 사람들의 영향 아래서 알려지고 구성된다. 연구의 목적은 건강과 질병의 영역에서 관찰된 태도와 행동의 기저에 깔려 있는 '사회에서 환자의 상황'(p.22)을 이해하는 것이었다. 문제는 "우리 사회의 개인들이 가치·사회 규범·문화적 모델의 총체를 어떻게 생각하고 체험하는지를" 관찰하는 것이다. 그리고 "어떻게 건강과 질병이라는 그 사회적 대상들의 모습이 논리적이고 심리적으로 구상되고 조직되는지를"(p.13-14) 연구하는 것이다. 채택된 (사회심리적) 접근 관점은 질병과 건강을 사회심리적인 만큼 유기적인 사실로서 체험하는 (서구의) 준거적 문화의 특징을 이해하는 데 적합하다.

이 보편적 목표는——어떻게 개인이 질병의 사회적 현실을 구성하고 그 방향으로 나아가는지, 어떻게 질병과 건강이 서로에게서 나타나는지를 연구하는 것——다양한 관점에서 접근된다. 즉 건강과 질병의 개념의 구별 기준(그것들은 상호적인

가, 배타적인가……), 질병과 건강의 원인 이해(내인성 혹은 외인성……), 건강 및 질병에 대한 개념과 가치 사이의 관계(선·악·잘못……), 사회 참여에 대한 건강과 질병의 영향(사회에 의해 통합되거나 탈선되거나 거부되거나 보호받는 행위로서의 질병……), 마지막으로 건강과 질병과 죽음 사이의 관계들. 이러한 방향은——건강과 질병에 대해 생각하는 방식을 파악하기——자료 수집에 적절한 유일한 기법으로서 자유롭고 개방적인 표현 방식인 면접의 선택을 내포한다. 이렇게 상류 계급과 중산 계급 사이에 동일하게 배분된 80개의 면접과 20개의 통제 면접들이 실행된다.

보충 면접 조사

면접 조사는 다른 조사 방식 이후에 진행되는지, 혹은 동시에 병렬적으로 진행되는지에 따라 같은 기능을 수행하지 않는다. 그것은 자료들을 더 충실하게 이해하고, 그것들을 보충하며, 더 나아가 그것들의 구성과 해석에 기여한다.

질문지 조사 이후의 면접 조사

이러한 경우에 면접의 사용은 질문지나 관찰 혹은 문헌 연구로 먼저 획득한 결과들을 조직하는 데 쓰인다. 그래서 보충 면접들은 이미 산출된 자료들을 해석할 수 있다.

《리옹에서 살기. 중심가와 환경》(Grafmeyer, 1991)

리옹 시내의 세 가지 주거 맥락을 비교 분석하기 위해서, 두 가지 근거 자료를 바탕으로 연구가 행해진다. 즉 '한편으로는 거주자 전체를 기술하는 통계 자료들, 다른 한편으로는 연구를 심화시켰던 약간의 테스트 건물에서 선택된 주민들을 대상으로 한 반(半)지시적인 50개의 면접 자료.' (p.27) 이렇게 면접 조사는 다음의 두 통계 자료의 활용을 보완했다. 한편으로는 국립 통계경제연구소(INSEE)의 조사(집합된 결과들과 개별 보고서들)와 다른 한편으로는 재무관의 자료를 바탕으로 구성된 동일한 소구역의 거주자들의 익명의 색인 카드. 첫번째 자료는 공시적인 유형의 정보들(공간 속에 주민들의 분포)을 제공했고, 후자는 장기적 분석(주민들의 주거 이동과 동일 건물에서의 거주자들의 이어짐)에 훨씬 더 적합했다.

피면접인들의 대조 표본은 소수의 주거 맥락들을 집중적으로 관찰하고 '같은 건물의 다양한 거주자들이 하는 이야기들을 대조하는 것을' (p.30) 목적으로, 지역적 다양성을 존중해서 선정한 테스트 건물의 주민들을 바탕으로 구성되었다.

이 주민들의 면접은 가정의 이전 경로 및 가족의 사회 직업적 과정, 그리고 주거·건물·지역에 결부된 표상과 실천에 중점을 두어서, 통계 정보들을 보완하고 '양적 처리들로 강조된 규칙성의 이해를 도와' (p.30)준다.

질문지 조사 및 다른 유형의 수집과 병행하는 면접 조사

《간부——사회 집단의 형성》(Boltanski, 1982)

이 연구는 근원적으로 '간부직의 획득이 따르는 논리'와 간부들의 선택 기제를 이해하는 것을 목표로 한다. 그러나 이 계층 자체가 분석을 회피하기 때문에 이 계층의 역사적 형성과 기원에 조사를 집중하는 것이 필요하다. 여러 유형의 작업이 한꺼번에 진행되었다. 예를 들어 역사적·사회학적·경제적·사회 심리학적 자료들을 수집하고, 연구자는 언뜻 보아 무질서하게 '때로는 같은 날, 국립도서관에서, 잊혀진 저작들을 읽거나 기업 연구 논문이나 최근 통계 조사를 면밀하게 검토하고, 간부들과의 긴 면접을 하기도 한다.'(p.8) 이러한 일련의 기법들 속에서 면접 조사는 조사를 받는 범주의 사회적 역사와 간부들이 지닌 직업상의 실질적 대표권에 관한 정보적 자료들을 만들어 내는 특별한 기능을 가진다. 그 대표권은 집단 형성의 내력과 그것의 사회적 공간의 특징 속에서 다시 놓여진다.

《어제와 오늘의 환자들》(Herzlich, Pierret, 1984)

질병의 인류학에 관한 라플랑틴의 연구처럼, 헤르츠리히와 피에레의 연구는 문헌 자료와 함께 환자들에게 실행한 면접, 즉 그들의 질병의 경험 및 그들이 자신의 몸 상태와 사회적 조건을 생각하는 방식에 대한 면접을 동원한다. 이 연구는 질병에 대한 환자들의 담화를 예측하고 최근의 변화들을(의료 기관의 확대와 동시에 그것에 대한 신뢰의 위기 증가) 장기적으로 다시 설정하는 것을 목표로 하며, 예전의 자료들(역사가의 저작, 소설 자료, 기록——편지 · 일기 · 연대기)과 현대의 자료들을 대조한다. 그 러므로 이 두 자료들의 사용은 '환자들의 역사'가 아니라 '역사 에 비추어 오늘날의 환자를'(p.14) 이해하는 것을 목표로 한다.

질문지 조사 이전과 이후의 면접 조사. 두 방식의 순환성과 반복의 예

《배우자의 발견》(Bozon, Héran, 1987 & 1988)

부부의 형성에 관한 이 조사는 첫 만남부터 동거 생활 초기 혹 은 경우에 따라서는 결혼까지, 프랑스에서 결혼 시장의 구체적 인 기능을 연구하고자 했다. 이를 위해서 저자들은 질문지의 초 안에 강하게 영향을 미친 30개의 면접을 사전에 녹음하였다. 그 리고 질문지로 수집한 정보들에 따라 사회 인구 통계 변수들에 기초해서 하위 모집단(평범한 하위 모집단과 특이한 하위 모집단, 즉 총 75개의 면접)을 선택했다. 그러나 《그의 일생을 말하다》 (Battagliola 외, 1991)에서 했던 것과 대조적으로 질문지를 주의 깊게 읽고 난 후에야 면접이 진행되었고, 조사원은 부부의 형성 초기부터 조사를 원점에서 다시 시작하고, 필요한 경우에는 질 문지에서 발견된 모순과 공백을 분명하게 참조하며 정확히 그 점들에 대해 재질문한다. 이 보충 면접들은 어떤 대답들의 의미 를 검증했다(그리고 대답들이 면접에 비추어서 의미가 없을 때는 버렸다. 특히 반동거에 관한 질문들의 경우). 특히 이 보충 면접은 새로운 질문들을 작성하고 통계 자료를 재검토하게 한다. 그래서 그러한 경우에 면접 조사는 질문지들의 해석과 동시에 가설의 구성을, 특히 결혼 예식의 연구(Bozon, 1992)에 있어서, 도와준다. 그러한 의미에서 저자들은 그것을 조사의 보충 요소가 아니라 그것의 주요 구성 요소들 중의 하나라고 생각한다.

3. 조사의 이해

엄밀한 의미에서의 조사의 이해는 서로 연관되고 흔히는 중첩되는 여러 조작들을 포함한다. 그러나 그 조작들 각각은 정확한 선택들을 내포한다. 모집단의 정의, 표본의 선정, 피면접인들에의 접근 방식, 면접의 계획은 연구가 실제로 조작적인 작업 단계에 접어들게 하고, 이 조작들 각각은 특별한 결과를 이끌어 낸다. 그러나 질문지보다는 면접이 실행 도중의 조정을 허용한다.

모집단과 표본

일단 가설들이 표명되고, 조사의 선택이 이루어지고, 연구의 장치 속에서 조사의 목표와 기능이 정해지면, 어떤 모집단에서 누구에게 질문하는지를 아는 것이 문제가 된다.

모집단의 정의

모집단을 정의하는 것은 우리가 질문하고자 하는 사람들의 범주를 어떤 이름으로 선택하는 것이다. 그리고 우리가 제기하는 질문들에 대한 대답들을 산출할 수 있다고 평가되는 행위자들을 결정하는 것이다. 흔히 모집단의 정의는 목표의 정의 속에 포함된다. 만약 우리가 마리화나 흡연자들의 행로나 은행원들의 직업적 여정을 연구하고자 한다면, 질문할 모집단은 그 자체로 정의된다. 그러나 종종 목표의 정의에 따라 질문할 모집단을 한정할 필요가 있을 뿐만 아니라, 그것의 구성 자체가 그 목표에 따라 달라질 수 있다. 질문할 모집단 혹은 모집단들이 정의되려면, 어쨌든 매번 정보 제공자의 위상이 규정되어야만 한다.

• 모집단의 한정

질문할 모집단의 선택 기준은 연령(예를 들어 '젊은이들'에 관한 조사를 한다면 모집단의 최소와 최대 연령)과 같은 아주 단순한 자료들이나 좀더 복잡한 자료들을——예를 들어 빌라 주민 조사의 모집단을 규정하기 위해서 거주의 유형(주(主) 주거지·별장), 그리고 유산에 관한 조사의 모집단을 정의하기 위한 촌수(부모의 혹은 더 먼 친척의 상속인)——기초로 할 수 있다. 이 기준들은 가설들과 연관되고 목표를 구성하는 성격을 띤다.

만약 우리가 빌라의 관념이 주거/노동의 관계나 노동력의 생산/재생산의 관계들에 연관된다고 생각한다면, 우리는 별장의 주민들을 제외할 것이다. 만약 우리가 더 인류학적 관점에서 빌라 세계를 공간 상징 실천적(혹은 경향적 · 기초적 등) 공간으로 생각한다면, 거주의 기능은 거의 상관이 없고 두 유형의 모집단(주 주거지의 주민들과 별장의 주민들)은 어려움 없이 선택될 수 있다. 마찬가지로 오로지 직계 조상의 상속인들만을 선택하는 것은 유산의 사회 상징적 접근으로 증명되는데, 왜냐하면 우리는 경제적 측면에서 그리고 혈연 관계의 측면에서 가장 의미 있는 재산 양도를 중시하기 때문이다. 만약 반대로 우리가 상속을 결정 관리의 실천적 문제로 생각한다면, 상속이 법적 · 세무적 측면에서 더 복잡해지는 더 먼 촌수의 사람들을 면접하는 것이 이로울 것이다.

• **모집단의 구성**

모집단의 표본을 구성하기 위해서는 양자택일이든 다양하게든 여러 선택들이 나타날 수 있다.

따라서 우리가 사회적 경로와 개인적 운명의 논리에 관심이 있다면, 경로들의 사회적 구별을 강조하느냐 가족 내부적 차이의 생산을 강조하느냐에 따라, 개별적 혹은 인척 관계의 개인들에게(예를 들어 전자의 경우에는 각기 다른 가족들의 45명의 상속자들의 표본을, 후자의 경우에는 동일 가족의 세 상속자들로 구성된 15개 집단을 제공할 것이다) 묻는 것이 적당할 수 있다.

마찬가지로 만약 상속의 관계가 그것의 구체적 경험을 통해 구조화된다고 가정한다면 그리고 만약 실제를 바탕으로 한 표상을 연구하고 싶다면 오직 실제 상속자들만을 채택해야 한다. 그러나 반대로 만약 여러 가지 표상적 논리들 사이의 간격을 측정하고자 한다면, 이러한 차원에 관련하여 구조화된 두 하위 모집단을 포함시키고 상속자와 함께 비상속자에게도 질문해야 한다.

• 모집단의 정보 제공자의 위상

게다가 연구에 관련된 모집단은 다수의 하위 모집단으로 나누어질 수 있고, 그 각각은 특정한 정보들을 가져올 수 있다. 이러한 하위 모집단들의 선택은 여전히 가설들에 의해 결정된다. 각 그룹이 상이한 이유들로 면접을 하고 서로 다른 이름을 지닌 전체 모집단에 참여하는 한, 그 정보 제공자의 위상은 다양하다.

예를 들어 상속에 관한 조사에 있어서 만약 자녀들의 재산 분할이 불공평하다는 가설을 테스트하고자 한다면, 분할을 **가정 내에서** 의논하는 방식에 대해 말하는 상속자들과, 동시에 이러한 분할을 **공증인의 사무실**에서 준비하고 해결하는 방식에 대해 말하는 공증인들에게 질문할 수 있다. 전자는 상속자로서 질문을 받고, 후자는 상속 전문가로서 질문을 받는다. 그러나 그들의 담화는 같은 차원에 있는거나 다름없다. 그들은 각각 실천의 다른 영역들에서 그들의 경험을 말한다.

만약 불공평한 분할의 심리적 반향을 질문한다면, 또한 서로 다른 이름을 지닌 다음의 두 가지 하위 모집단에게 질문할 수 있다. 직접 경험자로서의 상속자 자신들, 간접 관찰자로서 공증인 혹은 변호사들.

이번에는 공증인들이 상속 분할에 대해 다양한 원칙적인 입장을 취하고 있고 그 입장은 가족에 대한 그들의 이데올로기적인 이해에 달려 있다고 가정한다면, 우리는 가족법의 전문가로서의 그들에게 질문할 것이다. 그러나 이러한 입장 차이가 구성된 사상의 학파나 덜 형식화된 개인적 경향에 속한다고 생각한다면, 우리는 첫번째 경우에는 전문가로서 업계의 대표자들에게 질문할 것이고, 두번째 경우에는 실무가로서 다양하게 선택된 공증인 그룹에게 질문할 것이다. 두 경우에 면접의 유형이 다를 것이다. 전자는 지시적인 경향이 지배적인(법 이론 및 동료들에게의 엄격한 적용에 관한 면접) 반면, 후자는 양태적 경향이 지배적(표상과 개인적 적용에 대한 면접)이다. 우리는 전자에서 정보를, 후자에서 성찰을 기대한다.

어떤 경우에 그룹 대표자의 면접은 그룹 구성원에게 접근하기 위해서 거의 필수적이다. 그러나 그러한 경우에서도 그 면접은 재미있을 수 있다. 만약 볼탄스키(1982, p.10)에게 질문을 받았던 '주요 인사'들이 사적인 관계에서도 항상 자신의 이름으로가 아니라 집단의 이름으로 자신을 표현한다면, 그리고 '드물게는 사회학자가 이미 알고 있는 것보다 더 많은 것을 알려줘야만' 한다면, 연구 면접의 배경은 실제로 다른 배경들에서(강연, 씌어진 텍스트) 드러난 정보들과는 다른 유형의 정보를 생기게 한다.

표본 구성

• 표본의 크기

면접 조사를 실행하는 데 필요한 표본은 면접에서 도출된 정보가 출현 확률이 아니라 맥락에 의해 유효하게 된다는 조건에서, 일반적으로 질문지 조사보다는 더 축소된 크기이다. 면접이 제공하는 하나의 정보는 질문지들에서 여러 번 되풀이된 정보와 똑같은 무게를 지닐 수 있다. 그러므로 면접 조사에 필요한 표본의 상대적인 축소는 획득된 정보의 위상에서 기인한다.

특별한 조사에 필요한 면접의 수(표본의 크기)는 우선 조사의 주제(약하게 혹은 강하게 다각적인), 주제와 관련해서 가정된 태도들의 다양성, 조사의 유형(예비, 본, 혹은 보충), 계획된 분석 유형(주제 조사 혹은 더 철저한 내용 분석), 그리고 사용된 수단들(시간과 비용)에 따라 좌우된다. 이처럼 질문받은 인원들은 예를 들어 연구에 할당된 공급의 총액과 시기에 따라 달라진다. 다른 한편 많은 양의 면접에서 수집된 정보들이 중복이 많고 더 이상 새로운 것을 제시하지 못하는 것처럼 보여지므로, 우리는 결코 지나치게 하고 싶지는 않다. 그래도 최대한 다양해야만 한다. 그리고 이러한 '포화' 점에 이르렀다고 판단한 이후에야 비로소 실질적으로 면접 활동이 끝난 것으로 생각할 수 있다.

• 표집 방식

면접 조사에서 우리는 모집단을 전적으로 대표하는 것이 아니라 특징을 나타내는 요소들을 선택하는 것을 기본으로 하는 다양화된 표본을 주로 설정한다. 모집단과 같은 특징을 나타내고 결과의 일반화를 허용하는 소위 대표 표본은, 그 조사가 충분한 인원을 포함하지 않고 특히나 통계적 대표성의 문제가 제기되지 않는 범위 내에서 훨씬 드물게 사용된다.

다양화된 표본의 구성은 이중의 제약을 받고, 일반적으로 개인과 상황을 최대한 대조시킬 필요성과, 의미를 갖기 위해 충분한 분석 단위들을 획득할 필요성 사이의 중재에서 기인한다. 분산시키는 것이 아니라 다양화시키는 것이다. 이러한 다양성은 그 자체가 주제와 연관되고, 대답의 구조화에 중요한 역할을 하는 것으로 선험적으로 가정된 전략적 변수에 따라 정의될 수 있다. 혹은 성별·연령·사회 범주 등과 같은 위치가 정해진 고전적인 기술적 변수를 바탕으로 정의될 수 있다. 우리는 또한, 만약 표본이 허락한다면 두 유형의 변수들을 서열화하면서 결합할 수 있다.

— 주제와 연관된 변수들에 따라 다양화된 표본
《영세민 주택(HLM)의 소유주》(Gotman & Bertaux-Wiame, 1991)

연구 주제에 연관된 변수들에 따라 표본을 다양화한다는 것은 예를 들어 우리가 그 행로를 연구하는 HLM 구매자 모집단 중에서 새로운 세입자들과 함께 예전의 세입자들에게도 질문할 수 있는 것이다. 그리고 '**현금**'으로 지불한 사람과 함께 총액의 대부분을 대출한 사람들, 이중 소득 가정과 단일 소득 가정 등

등. 이러한 표본의 다양화는 용이한데 왜냐하면 이러한 자료들은 HLM 기구가 실행한 선행 조사을 이용할 수 있기 때문이다.

《빌라 주민들》(Raymond, Haumont, 1966)

이 연구의 모집단은 주택의 건축적이고(정원으로 둘러싸인 도시의 혹은 교외의 주택) 역사적인(19세기 산업 혁명에 따른 도시 성장과 연관된 빌라의 팽창) 정의에 따라 결정되었다. 그래서 다양화의 기준들은 도시의 유형과 특정 장소들에서 선택된 피면접인들에 달려 있다. 예를 들어 대도시의 교외, 개인 주택이 우세한 아주 산업화된 도시, 빌라가 모여 있는 바캉스 지역, 퇴직자들의 장소로 대표적인 지역, 아무것도 특별히 도시의 발달을 활성화시키지 않는 평범한 도시.

— 일반적인 기술적 변수에 따라 다양화된 표본

이러한 표본 방식은 우리가 표본을 추출해야만 하는 준거 세계를 모를 때, 그리고 우리가 연구해야 할 행동들과 표상들의 구성 요소의 총체를 미리 판단할 수 없을 때 필수적이다.

《건강과 질병》(Herzlich, 1969)

건강과 질병의 표상에 관한 이러한 연구에서, 환자의 상황을 **선험적으로** 정의하기를 원하지 않는(왜냐하면 그것이 그의 목표이기 때문이다) 저자는 표본을 '아픔/건강이 좋음' 변수에 따라 선택하는 것이 아니라, '상류'와 '중류' 사회 계층, 25세에서

40세 사이의 연령과 40세 이상의 연령, 남성과 여성을 구별하는 일반적 기준들에 따라서 다양화했다.(p.26)

《아웃사이더. 일탈의 사회학적 연구》(Becker, 1985)

베커가 면접한 마리화나 흡연자들은, 가설에 따르면(베커는 재미삼아 흡연하는 습관은 외인적인 결정 인자들을 가진 것이 아니라 그 자체로부터 구성된다고 가정한다) 아무도 표본을 추출해야만 하는 세계를 알지 못하기 때문에, 특정한 변수들에 따라 선택될 수 없었다. 다양화는 우연적인 자료(질문을 한 50명의 흡연자들 중 절반이 음악가들이다)와 사회 계층의 변수(기능공인지 아닌지, 자유 직업인인지 아닌지)를 바탕으로 이루어졌다.

피면접인에의 접근 방식

표본의 규정과 동시에 그것의 접근 방식을 예측해야만 한다. 이러한 계획화는 이중의 요구——실천적이고 중립적인——에 부응해야만 한다. 우리는 직접 접근 방식과 간접 접근 방식을 구별할 수 있다.

직접 접근 방식

이것은 가장 중립적인 접근 방식이지만 그것을 항상 사용할 수는 없다. 존재하는 목록을 사용하든지 혹은 그것들 없이 직접적으로 접촉을(대면·방문) 하든지 한다. 목록으로는 단지 고

객이나 시민의 목록들만이(선거인 명단·전화번호부 등) 아니라 신문이나 공공 장소에서 발표된 안내문이나 광고문을 원한다. 예를 들어 선거인 명단은 주거 형태나 생활 방식을 위한 조사, 그리고 더 일반적으로 **선험적으로** 대상이 정해진(그러나 충분히 많은 면접을 할 수 있고 특별한 다양화를 필요로 하지 않는다는 조건으로) 모집단을 요구하지 않는 폭넓은 주제의 모든 조사에 사용될 수 있다. 특정한 명단을(수상자·광고·직업 명단 등) 사용할 수도 있다. 대상 자체가 잘 정해지면, 사람이 많이 찾는 장소(영화관의 줄·대학·역·회사·공원·대기실 등)에서의 직접 대면이 흔히 추구되지만, 이때의 면접은 빠르게 진행되고 주체는 주관성을 드러내지 않는다를 전제한다. 반대로 직접 방문은 더 함축적인 주제들에 관한 긴 면접을 허용한다.

이 접근 방식들은 제삼자의 존재가 개입하지 않는 한에서 중립적이 될 수 있는 이점이 있지만, 그것들의 효율성은 조사자와 피조사자 사이의 사회적 차이로 인해 제한될 수 있다.

간접 접근 방식

간접 접근 방식은 앞의 것과는 반대로 제삼자의 중재를 통해 제도적 혹은 개인적으로 진행된다. 그것은 피면접인에게 더 강제적이 되는 이점이 있고, 조사자의 요구(연구의 요구)가 의사소통의 계약 배경을 혼란시킬 수 있는 삼중의(친선적·사회적·제도적) 요구를 겸하고 있는 한에서 중립적이 되지 못하는 단점이 있다.[19] 우리가 한정되지 않은 특별한 모집단에 접근하고자 할 때, 그리고 모집단을 구성하는 것과 무관한 기준들에 따라 규정된 모집단을 갖고자 할 때, 혹은 단순히 면접을 수락할 확률을 최대화하고자 할 때 그 방식은 대부분 선택적으로 사용된다.

• 친분 방식

친분 방식은 최초의 잠재적 피면접인에게 또 다른 가능한 피면접인들을 지정하게 하고 그렇게 해서 연속이 되도록 하는 것이다. 그래서 이 장치는 주로 사회 관계를 동원한다. 적은 수의 면접을 해야만 할 때 아주 조작적인 그것은 피면접인이 보는 앞에서 중개인의 모습을 파악하도록 하고 관계 속에서 가능한 가장 적은 반작용이 있도록 한다. 설령 그것이 검열 효과를 제한하기 위한 것에 지나지 않는다 할지라도 말이다.

《간부──사회 집단의 형성 》(**Boltanski**, 1982)

볼탄스키는 왜 회사의 건물 내부에서 면접을 실행하는 행위가 편차가 있는 결과들을 야기하는지를 설명하면서, 그의 표본에 접근하기 위해 실행해야만 했던 방식을 기술한다. "처음에 나는 그 집단에서 가질 수 있었던 특별한 관계들을 동원하면서 시작했다. 다시 말해 아주 구체적으로 그들의 도움을 받으면서, 그들에게 그들의 친구들을 나에게 소개시켜 달라고 하면서, 예를

---

19) 이러한 이유로 명확한 의사소통 배경을 통제하고 유지할 수도 있긴 하지만 일반적으로 친족들을 직접 면접하지 말기를 충고한다.(cf. III장, §1.2)

들어 그들 집에서 만남이나 저녁 식사 등을 주선해 달라고 부탁했다. 일단 펌프질이 시작되면 나머지는 점차로 따라온다."(p.9)

《아웃사이더. 일탈 행위의 사회학적 연구》(Becker, 1963)

마찬가지로 베커는 마리화나 흡연자들과 접촉하기 위해 그 자신이 지닌 음악가들의 인맥을 사용해서 연결고리를 만들기 시작한다. "나는 몇 해 전부터 직업 재즈 음악가를 하고 있었다. 그래서 내가 음악계에서 만났던 사람들을 우선 면접했다. 나의 부탁에 그들은 자신의 경험을 나에게 얘기해 주기를 승낙한 다른 흡연가들을 연결시켜 주었다."(p.67)

• 중계 정보 제공자

친숙한 조직망에서 선택된 조사 대상들을 만날 가능성이 충분히 클 때 친분 방식은 적합하다. 그러나 이 조직망이 주어진 시간에 필요한 인원을 충분히 제공하지 못한다면 더 사회화된 중계의 도움이 필요하다.

이 중계 정보 제공자는 더 방대한 사회 조직망의 중심에 통합되어 있는 사람들(시 직원·교육부 직원·협회 책임자……)이고, 조사에 관련된 사람들의 주소와 이름을 지정할 수 있다. 이 중계 정보 제공자는 소개를 주선할 수 있을 만큼 자신의 모집단과 충분히 접촉을 유지하지만, 동시에 응답자가 의무 관계에 놓이지 않도록 충분히 거리를 둔다. 그래서 편차는 중계 정보 제공자가 피면접인을 지정하는 기준이 되는 명성에 달려 있다.

• 제도적 중계

우리는 과정을 촉진하기 위해 제도적 중계를 개입시키고, 개인별로 접촉하면서 성공할 확률을 높힐 수 있다. 만약 효율성의 관점에서 이 방법이 이득이 있다면, 중립성의 관점에서 위험이 따른다.

《영세민 주택의 소유주》(Gotman, Bertaux-Wiame, 1991)

사회복지 기관에서의 소유권 획득에 관한 이 연구에서 HLM 기구가 판매하는 주택들을 구입하기를 받아들이거나 거부한 세입자들을 면접하는 것이 문제였다. 두 가지 접근 방식이 사용되었다. 첫째로 사전 조사 자료를 바탕으로 선정된 주민들에게 HLM 기구의 권위를 빌려 편지를 보내고 뒤이어 전화를 하는 것이다. 한편으로 그것은 접근을 개별화하고 대답할 확률을 증가시켰지만, 다른 한편으로 승낙(어쨌든 기관과의 관계가 좋아서)과 거부(아마도 파는 기관과의 나쁜 관계에서 비롯된)의 상대적 무게를 망가뜨렸다. 이러한 접근 방식은 직접 방문을 통해 직접적으로 수집된 면접이나 중계 정보 제공자로 동원되어 면접된 사람들의 정보로 보완되었다.

이러한 접근 방식들의 다양화는 조사가 논문적 특징을 띠고, 면접뿐만 아니라 관련 정보들도 수집해야만 하는 경우에 더욱 더 정당화된다.

• 경로들의 다양화

《노동자들의 사적 세계. 북유럽의 남과 여》(Schwartz, 1990)

그렇게 해서 O. 슈바르츠는 면접 조사에 참여 관찰을 결합함으로써 모든 접근 경로 수단을 동원할 수 있었다. 예를 들어 세입자들의 단체, 이웃(조사자는 현장에 살고 있다), 직접 방문, 공동 행동의 참여와 같은 것들이 있다. 그는 그것들을 '생활의 개인화된 수준을 반영하는 의사소통으로' (p.39) 발전시키고자 했다.

피면접인의 거부

모든 조사에서처럼 거부의 문제가 있다. 거부는 조사와 무관할 수 있지만 불확실하지는 않다(모든 조사의 거부, 성별 · 연령 · 사회적 위치 등과 연관된 거절). 그래서 거부는 조사의 결과에 대해 영향을 미치지 않는 것이 아니라 통제하기가 불가능하다. 만약 거부가 조사의 주제와 관련된다면, 그것은 전례들보다 해석하기가 더 쉽지만 항상 제어할 수는 없다. 우리는 특히 승낙에서 거부의 의미를 끌어낼 수 있다. 예를 들어 상속에 대한 면접을 거부하는 것은 상속 분쟁의 경험과 연관될 수 있다. 즉 동의는 오히려 성공한 상속의 감정과 그것을 알리려는 의지로 야기되었다. 그래서 자료체의 분석은 분쟁이 없었던 상속의 가능한 초과 대표를 고려하는 것이 필요하다.

결국 면접이 만남이나 조사의 소개와 연결된 우발적인 요인들로 거부되지 않기 위해서는, 피면접인들과 관계를 맺는 방식과 연구의 목표를 말하는──그것은 두 번인데 첫번째는 처음

만날 때이고 두번째는 면접 시작 때이다(cf. III장, §1.2)──방법에 신경을 쓰는 것이 적합하다. 게다가 만남의 확률을 최대화하고 거부의 경우를 최소화하기 위해서는 분별 있게 의사소통을 확립하는 것에 신경을 써야만 한다.

── 만약 우편을 통한 접촉이라면, 적합한 장소(근무 장소 · 가정 등)와 적당한 시간(희망한 날짜에 비해 너무 빠르지도 너무 늦지도 않은)에 보내고, 필요한 경우에는 서신에 뒤이어 전화를 한다.

── 만약 접촉이 직접적으로 이루어진다면, 대화자에게 편리한 시간을 선택해서 그의 요구를 유지하도록 애쓴다(만약 일하는 배우자에게 질문하고자 한다면 가정에서 있는 날 중에 약속을 하기보다는 저녁 약속을 잡는다). 그것은 어쨌든 목표를 유지하고 방식들을 조절하는 것을 의미한다.

면접 계획

표본과 피면접인에의 접근 방식의 예고와 함께 면접 계획을 구상해야 한다. 계획은 우리가 탐색하고자 하는 주제들로 구성된 총체(면접 지침서)와 동시에 각 주제에서 얻은 정보를 최대화하기 위한 면접인의 개입 전략들을 포함한다. 그래서 면접 계획은 연구의 개념화 작업과 그것의 구체적 실행을 포함하고 있다. 계획의 구상은 면접 활동과 담화 분석을 하는 동안 계속되는 객관화 과정 속에서 보충적 단계를 구성한다.

면접 지침서

그것은 면접인의 개입과 청취 행위를 구조화하는 것으로, 기능과 조작자 및 명시로 구성된 총체이다. 지침서의 형식화 정도는 연구 목적(다차원성), 조사의 용도(예비, 본, 혹은 보충), 그리고 계획한 분석 유형에 달려 있다.

이렇게 해서 우리는 약한 혹은 강한 구조를 지닌 면접을 구별할 수 있다. 유형들의 이런저런 선택은 우리가 분석하고자 하는 상황의 인식에 달려 있다.

비구조화된 면접은 이러한 인식이 약할 때 사용되고(예비 면접), 반면에 구조화된 면접은 연구된 영역과 그것이 인지되고 특징이 드러나는 방식에 관해 더 정확한 정보를 가질 때 사용된다(본 혹은 보충 조사). 면접 지침서의 실현은 질문의 개념화와 면접에서 질문을 시험하는 반복적인 과정을 전제한다. 자료와 관념의 이러한 대립은 테스트 면접 때에 행해진다.

• 비구조화된 면접

이것은 두 요소의 준비를 필요로 한다: 지시문[20]의 표명과 주제 방향의 예고.

《상속》(Gotman, 1988)

이 연구의 예비 단계에서, 문제는 물질적이고 개인적이며 가

---

20) 피면접인의 담화의 주제를 미리 결정하는 면접인의 설명을 지시문이라고 한다.

족적인 측면에서 상속의 영향들을 찾아내는 것이다. 조사해야 할 세 기준이 있다고 하자. 즉 유산 및 생활 방식의 재조직에서의 그것의 결과, 사회적 재등록 요소로서 유산, 가족 재정비의 요소로서 유산. 여기에 더 심리적인 기준인 죽음으로 인한 정신적 혼란의 요인으로서의 유산이 추가된다. 이러한 네 주제를 중심으로 구조화된 예비 면접은 그 기준들 각각을 위한 가설들을 진술하고, 그 가설들에 부응하는 자료들을 산출할 수 있는 면접 지침서를 구상하게 해주는 질문의 논리에 따라 전개되었다. 최초의 지시문은 다음과 같다: "당신은 최근에 상속을 받았습니다. 그것이 당신에게 무엇을 나타내는지 말해 주실 수 있습니까?" 면접인은 피면접인이 자유롭게 표현하도록 내버려두고, 단지 상속과 연관된 의미 작용을 이해하는 데에 특별히 중요한 것처럼 보이는 점들만 되풀이한다. 면접은 **발견** 담화를 목표로 했다.

이 조사는 이중의 제목을 지닌 예비 조사이다. 사실 문제는 가설과 조사의 이해를 명확하게 하는 것뿐만 아니라 또한 그것의 실현 가능성을 검증하는 것이다——이런 방식으로 금기로 여겨지는 주제에 관해 질문할 수 있을지를 아는 것이 문제이다.

• **구조화된 면접**

이것은 지시문의 표명, 형식화된 주제 지침서의 구성, 청취 및 개입 전략의 계획을 전제한다.

상속에 관한 연구에서 가설과 예비 면접의 대조는 기능과 조작자와 명시에 따라 서열화된 지침서에 이르른다. 우리는 여기서 그것들을 약간 소개할 것이다. '기능'은 '고딕체로,' '조작자'는 진한 글씨로, '명시'는 괄호 안에 나타낼 것이다.

최초 지시문

"당신은 최근 유산을 상속받았습니다. 무슨 일이 있었는지 얘기해 줄 수 있습니까."[21]

주제 지침서

(면접중에 조사해야 할 일련의 주제들)

상속 전[상속이 발생하기 전에 유산에 대해 생각했었는지를 특히 조사하기].

상속

— **사망**[상황, 예식, 종교, 일가친척의 다양한 구성원들이 경험한 죽음].

— **상속의 개시와 전개**[언제 그리고 어떻게. 유서 규정 혹은 그 외 다른 것들의 존재 유무].

— **주역들**[일을 담당하는 사람. 가족 내에서, 가족 외부의 변호사 및 공증인 등].

분할 시기

— **상속 재산**[구성, 유래].

---

21) 예비 면접의 분석은 최초 지시문을 다시 표명하게 한다.

— **상속인**[가족 상황과 사회 직업적 지위].

— **재산 분배에 관한 주요 선택권**[공유, 생존 시 혹은 사망 시 증여, 살아 있는 배우자와 후손들 사이의 분배].

— **이 선택권들의 상황과 설명**

유산과 가족 관계

— **사망 전 유증 수혜자와 유증자 사이의 관계.**

— **상속인들의 사이의 관계**[사망과 상속 이전, 동안, 그리고 이후].

— **상속에서의 배우자들의 역할.**

상속받은 재산의 관리

— **결정**[상황, 주역들: 상속인 단독, 가족, 형제 · 자매, 상속인＋생존한 배우자 등].

— **선택**[소비, 구매, 보존, 투자, 매각. 개인적으로, 여럿이서, 그리고 누군가와].

— **이 선택의 의미**[가족의 장래, 직업적 전략, 재산 전략에 관련하여].

이처럼 면접 지침서는 그것이 담화를 지배하는 것이 아니라 질문을 구조화하는 범위 안에서 질문지의 프로토콜과 기능적으로 구별된다. 문제는 주제들로 구성된 체계인데, 면접인은 이것을 질문지의 형태로 참고하거나 표명하지 않고도 알아야만 한다. 사실 이 지침서의 목적은 피면접인의 다양한 발화들이 논의될 때 면접인이 그것들에 관한 적절한 되받기를 구상하게끔 도와주는 것이다. 그래서 이러한 기법은, 적어도 원칙적으로, 피면접인이 자유롭게 구성한 담화와 연구의 질문들에 부응하는 담화를 동시에 얻을 수 있다.

개입 전략

지침서가 구성되면, 지침서의 사용과 예측된 담화 유형 그리고 되받기[22] 방식에 관한 개입 전략들을 준비해야 한다. 이 모든 준비는 예비 면접에서부터 실행된다.

유산에 관한 연구의 경우에 예비 면접은 이 주제에 특별한 담화 생산을 나타나게 했다. 우선은 죽음의 언급에 관한 것이다. 즉 죽음은 흔히 면접의 출발점이지만 피면접인은 엄밀한 의미에서 상속에 직접적으로 관련되는 사건들을 이야기하지 않았다. 이처럼 피면접인의 담화는 예를 들어 다음과 같은 말로 시작되었다. "나의 아버지는 1982년에 죽었다." 잠깐 쉬었다가, "우리는 내 동생과 나 둘뿐이었다, 아무 문제 없이 진행되었다." 이렇게 반복되는 모호한 부분을 확인하고 난 후, 죽음에 대한 태도를 탐색하기 위해 새로운 지시문을 마련해야만 했다. "그가 죽었을 때의 상황을 얘기해 주실 수 있습니까, 어떠했나요?" 탐색해야 할 주제가 사회적 언어로 보호된 영역에 관련되어 있을 때마다, 같은 종류의 문제가 제기된다. 예를 들어 빌라 주민들에 관한 조사에서, 피면접인은 사생활을 거의 얘기하지 않았

---

22) 피면접인의 선행 발화에 대해 논평하거나 설명하는 면접인의 모든 개입을 되받기(relance)라고 한다.

지만 은연중에 그것을 드러냈다. 조사자는 진짜 장애처럼 느껴지는 것과 침실에 관한 담화의 부재에 직면해서, 면접 말미에 다음과 같은 지시문을 체계적으로 말했다. "가장 사적인 방은 무엇입니까, 당신은 그 방을 더 사적으로 만들기 위해 어떻게 했습니까?" 게다가 이 주제들의 탐색은 모든 캐묻는 개입과 질문 형태의 되받기를 배제한 특별한 운영과 전제한다.(cf. III장)

다른 한편 유산에 대한 태도의 탐색은 담화의 다양한 수준들을(사실적이고 반성적인) 포함했다. 그래서 두 유형의 시퀀스들을 마련하는 것이 적당하다. '보충 개입'(cf. III장)과 정확성의 요구로 촉진된 **서술적** 시퀀스(사건의 보고)와 더 해석적인 되받기로 촉진된 **정보적** 시퀀스(의견·감정).

마지막으로, 지침서의 주제들이 자발적으로 언급되지 않는 경우에는 일련의 지시문들이 준비되어 있다. 예를 들어 "만약 유산으로 인해 가족 관계에 뭔가 변화가 있었다면 말해 주시겠습니까?" 혹은 "어떻게 재산이 분배되었는지 말해 주시겠습니까?"

준비 단계는 면접의 실행에 선행한다. 그래서 그것은 면접이 전개되는 다양한 단계들을 예측하고 준비할 수 있다.

III

면접의 실행

오늘날 우리가 생각하는 것처럼 조사에 적용되는 면접의 창시자들은(Roethlisberger & Dickson, 1943) 면접인의 행위를 이끌어줄 수 있는 일반 원칙들과 기술적 조언들에 관해 아주 명확하게 생각하지는 않았다.

이 작가들은 일반 원칙들에 관련해서 피면접인의 담화를 듣는 것을 강조했다. 면접인은 담화의 맥락에 따라 피면접인이 말한 것을 해석해야만 했다. 그의 관심은 전적으로 정보적인 수준에서 벗어나서 특히 담화의 지향적 수준에 관심을 가져야만 했었다.

그들은 면접의 운영을 위한 기술적 조언들에 관련해서 면접인의 일반적 **태도**를 특히 강조했다. 면접인은 인내심을 가져야만 하고, 너그러워야만 하며, 때론 권위적이 아니라 지혜롭게 비판을 해야만 했다. 그는 피면접인에게 충고하거나 판단하거나 토론하지 말아야 했다. 그는 피면접인이 말하는 것을 도와주고, 그의 불안을 덜어 주고, 그의 생각과 감정들을 충실하고 정확하게 설명하도록 격려하며, 잊혀진 혹은 놓친 점들에 관해 담화의 방향을 돌리고, 필요하다면 함축된 의미를 드러내기 위해 개입해야만 했다.

대부분 임상심리학에서 차용해 온 이 원칙들과 조언들이 어떤 방식을 설립하는 데에 충분했는가? 그것들은 정보의 수집 외의 또 다른 사용을 위해 만들어진 임상 모델의 적용과 상식에 속했다. 그러나 뢰슬리스버거와 딕슨(*op. cit.*)의 기본 저서 이후로 면접 교육의 모든 입문서들은 같은 유형의 일반적 지식을 전파한다. 비록 그것들 중의 어떤 것들은 수많은 면접 훈련과 교육 현장에서 대성공을 거두었던 범주화를 제시했다고 하더라도 말이다.

고든(1969)의 저서는 또한 이전 책들과 같은 기술적 범주들과 상식적 전제들을 바탕으로 구성되었다. 그는 선행자들처럼 면접의 기법을 태도의 문제에 연관시켰지만, 고려된 전략과 전술을 계획한다는 생각을 바탕으로 면접의 방법론적 접근을 제안하는 주요한 장점을 지니고 있다.

그 작가는 면접의 전략을 상황의 계획으로 정의한다. 즉 그 전략은 줄거리(주제와 목표), 무대(시간 · 장소와 상황 정의), 분포(다양한 행위자들)를 포함한다.

면접의 전술은 구조화된 면접 지침서 사용, 특별한 태도 선택, 적절한 질문들의 작성 등을 예측한다.

이러한 면접 조사의 전략적이고 전술적인 관점은 부르디외 · 샹보르동 · 파스롱(1968)이 표명했던 '하이퍼경험주의'와 비교하여 방법론적으로 진보하였다. 그러나 고든(*op. cit.*)은 이러한 계획을 지역 침투 군사 작전처럼 생각하는 것 같다. 예를 들어 피면접인들의 적절한 선택, 피면접인이 나타내는 '자아'에 대한 위협의 도피 반응, 조화의 존중, 연대기의 혼동 탐지, 그리고 협조의 요구와 개성의 인정을 통한 피면접인과의 관계의 용이한 관리.

고든처럼 우리는 면접의 기법적 위상은 본질적으로 다양한 변수들을 계획하는 우리의 능력에 달려 있다고 생각한다. 그러나 이러한 계획화는 피면접인이 쉽게 말할 수 있게 하는 효과들 외에 더 정확한 하위 목표들, 특히 예측된 담화 유형과 계획된 개입 유형에 관련한 하위 목표들을 포함해야만 한다.

게다가 면접 활동의 조직은 피면접인의 담화 생산에 관여하는 다양한 변수들을 통제함으로써 용이해질 것이다.

1. 면접 상황의 변수들

면접 상황의 구상과 전개 속에 개입하는 변수들의 총체 중에서, 맥락의 세 가지 위계 수준은 다음처럼 정해질 수 있다. 물질적이고 사회적인 환경, 의사소통의 계약 배경, 면접인의 개입.

이 세 변수들의 역할은, 면접이 항상 사회적 관계이고 대화 상황이며 연구 프로토콜이라는 사실에서 기인한다. 바로 이러한 세 차원을 고려해서 면접의 작용 원칙들을 규정한다. 바로 이러한 중첩 속에 면접의 어려움이 있는데 왜냐하면 우리는 대화 형식의 사회 관계와 내용에 대한 질문을 동시에 유지해야만 하기 때문이다.

환경

외부 배경은 부분적으로 면접의 전개를 요구한다. 많은 변수들이 실제로 면접의 물질적이고 사회적인 상황을 구성하는 것을 설명한다.

많은 작가들이 사용한 연극적 은유에 따르면 환경의 변수들은 다음과 같다. 시간 계획(시간의 일치), 무대(장소의 일치), 행위자들의 분포(행위의 일치).

시간 계획

시간 계획은 면접의 시간대와 특히 면접이 피면접인들의 일상 행위들의 연속 속에 포함되는 방식을 규정한다. 면접이 일상성 속에 시간적으로 삽입되는 그 순간에 앞선 행위와 표상들에 의해 담화가 영향을 받는다. 이 요소의 프레그넌스는 앞선 상황들로부터 초연해질 수 있는 파트너들의 능력에 좌우된다.

따라서 면접의 날짜와 시간은 최대한 피면접인의 여유 시간을 맞춰서 선택해야만 하는 것은 말할 것도 없고, 이 시간적 변수가 어떤 경우에는 특별한 중요성을 가질 수도 있다. 이렇게 해서 여성들의 권태 현상을 연구한 우게트(1976)는 14시 30분에서 16시 사이에(설거지와 학교에서 아이들이 오는 시간 사이)

면접을 실행했고, 그 선택된 시간대는 보통 권태가 찾아오는 시간과 일치한다. 여성들은 시간의 깊이로 인한 몽롱한 느낌과 가사를 쉬는 시간의 공외연적인 감정을 최대한으로 표현할 수 있는 조건에서 면접을 한다.

무대

무대는 **장소의 규정**(배경과 그것의 사회적 의미 작용)과 **자리의 배치**(면접 파트너들의 위치)에 의해 특징지어진다.

각 장소는 피면접인의 담화 속에서 실행될 수 있는 의미 작용들을 전달한다. 따라서 회사의 간부를 그의 사무실이나 집에서 면접하느냐 혹은 면접인의 연구실에서 면접하느냐는 중요한 일이다. 상황은 특별한 역할과 태도들을 요구한다. 피면접인은 자신의 사무실에서 훨씬 더 직업적인 역할을 드러내며 준비된 주제에 대해 품위 있고 통제된 담화를 생산한다. 그의 집에서는, 장소들의 프레그넌스가 일상 생활에 집중된 담화를 조장한다 (cf. 간부들을 그들의 집에서 면접하면서 그들에게서 거리두기와 그들의 직업적 경력의 평가를 기대했던 볼탄스키의 조사). 면접인의 연구실에서, 면접은 장소들이 표현하는 면접인의 직업적 지향성을 훨씬 드러낼 것이다.

세 곳의 학교 공간——교실, 양호실, 운동장——에서 면접한 아이들의 담화 구조에 환경적 요소가 미치는 영향을 실험하기 위한 연구가 실행되었다.(Blanchet & Blanchet, 1992) 공간적·물질적 환경이 내용과 생산된 담화의 스타일에 영향을 미칠 수 있다는 가설이었다.

실험은 5명의 아이들로 구성된 세 그룹을 배치한다. 자원한 아이들 중에서 무작위로 지정한 각각의 아이는 금요일 16시에 개별적으로 면접된다.

면접은 각각의 장소에서 동일하게 실행된다.

각각의 아이는 동일한 면접인의 동일한 지시문과 동일한 되받기에 대답한다.

첫번째 지시문: **"너에게 학교는 어떠한지 얘기해 줄 수 있겠니?"**

되받기 1: 그리고

되받기 2: 그래 그리고

되받기 3: 또

되받기 4: (그 주제)에 관해 더 얘기할 것 있니

되받기 5: (그 주제)에 관해 너는 다른 생각이 더 있느냐

두번째 지시문: **"이제 네 학교 친구들에 대해 말해 줄래?"**

동일한 되받기

세번째 지시문: **"이제 학교의 공부에 대해 말해 줄래?"**

동일한 되받기

네번째 지시문: **"그럼 이제 너의 선생님에 대해 말해 줄래?"**

동일한 되받기

그 결과 운동장에서 아이들은 더 말이 많아지고, 문장들은 더 길어지며, 주제들은 유희 활동에 관련되고, 명제들은 그들 이야기의 논리를 강조하는 많은 연결사들로 이어지며, 어떤 생각

이 또 다른 생각에 추가되고, 이렇게 해서 연상적이고 서술적인 문체를 나타내고 있음을 알 수 있다.

교실에서 아이들은 "잘 모르겠다"라고 대답하거나 대답하지 않으려고 하면서, 이야기를 아주 빨리 끝냈다. 그들의 담화는 학교 생활에 관련된 주제들로 점철된다. 비밀 이야기를 유도하는 더 내밀한 장소인 양호실에서는 특히 행위 동사들의 비율이 적어지고 감정을 표현하는 담화들이 있었다.

다른 한편, 면접 무대에서 파트너들의 자리는 어떤 담화의 출현을 용이하게 하기 위해 장소들과 관련하여 작용한다. 위치의 균형과 불균형이 면접에서처럼 대화에서도 결정적이라는 것을 이해할 수 있다. 면접은 사무실의 이쪽과 저쪽에서, 대면해서, 옆모습으로, 소파에 나란히 앉아서 등의 방식으로 진행되고, 각 위치는 면접의 전개와 얽혀 있는 부수적인 의미 작용을 포함한다.

물론 가능한 환경·상황·수단의 다양성이 실제적인 유형학을 세울 수는 없다. 그러나 만약 우리가 다른 유형의 면접(치료·상담 등)과 연구 면접을 구별하는 첫번째 기준, 즉 누가 면접을 요청하고 혜택을 보는가?를 고려한다면, 면접인이 면접을 요청한다는 사실은 당연히 면접인이 피면접인에게 친숙한 환경으로 가는 과정에 부합한다(반대로 상담은 대체로 면접인의 직업 환경으로 피면접인이 이동하는 것을 전제로 한다). 이러한 논리가 위반될 때 면접은 요청의 모호성을 나타낸다. 즉 면접인의 직업 장소에서 실행된 조사 면접은 피면접인에게 강요된 구속으로 표현된다. 이러한 구속은 계약에서의 수요와 공급의 문제의 불균형을 초래하고 면접인의 개입에 대한 피면접인의 해석을 복잡하게 만든다. 이러한 위반이 명백해지면, 어떤 특정한 계약은 그 논리가 두 파트너들이 공유한 지식에 포함될 수 있다는 조건하에서 설립될 수 있다.

행위자들의 분포

분포는 파트너들의 육체적이고 사회경제적인 특징들에 관련되어 있다. 많은 연구들이 질문지 조사의 상황에서 파트너들의 성별 · 연령 · 사회 직업적 범주 · 문화적 준거 등의 영향을 보여준다. 마찬가지로 그 특징들 각각은 피면접인이 면접에서 자신의 역할에 대해 가지는 표상에 영향을 미친다. 경우에 따라 어떤 입장은 담화의 생산을 다소 용이하게 한다. 이러한 입장들은 현재의 사회적 상황들을(유혹 관계, 친구와의 대화, 상담자에게 도움 요청, 상사에 대한 자기 보호, 평가자 앞에서의 질문 등) 재생산한다.

만약 면접인과 피면접인 사이의 사회적 친근함이 면접의 배경을 설립하는 데 도움을 주는 무시할 수 없는 요소라고 한다면, 면접인이 속한 사회 집단이 피면접인보다 '높은가' 혹은 '낮은가'에 따라서 두 유형의 문제적 상황이 나타난다.

• 서민 계층에서의 조사자

만약 조사자의 사회적 위치가 '높다면,' 약속을 잡기는 더 어렵고 면접인은 피면접인이 담화의 생산에 참여하도록 하는 데 더 많은 어려움을 가질 것이다.

서민 계층에 속하는 사람들은 일반적으로 조사자를 그들의 생활 방식에 영향력을 가지는 사회 집단의 대표자로 생각한다. 그러므로 조사의 거부는 사적인 영역의 침해로 느껴지는 것으로부터 자신의 사회적 측근과 주변 사람을 보호하려는 조치일 것이다. 그러나 면접이 허락된다고 해도 의사소통의 원초적 핸디캡과 피면접인의 표현의 어려움은 여전히 남아 있다. 특히 피면접인이 면접인에게 부여한 사회적 이미지에서 벗어날 수 있는 배경을 설정하지 않는다면 그러한 문제들은 여전히 남을 것이다. 이렇게 해서 서민 계층의 젊은이들을 면접한 모제(1991)는 이런 유형의 면접에서 흔히 의견 교환을 조절하는 가짜 안심과 협박 놀이를 묘사한다. "그 지역의 실험은 피조사자가 사회학자에게 각자의 가치 평가 기준으로 육체적 힘을 정하도록 강요한 (드문) 경우들을 제외하고는, 어떤 피조사자도 실제로 협박을 피할 수 없다는 사실을 보여준다. 가장 협박을 받는 사람들, 아마도 또한 가장 가난한 사람들은 조사를 거부하고, 그들이 보통 하는 것처럼 '그들끼리' 있는 것 외에 달리는 할 수 없다. 그러나 만약 조사자와 조사 상황에 대한 **사전**(ex ante) 표상들과, 이 표상들이 불러일으킨 협박들이 몇 가지 예외를 제외하고는 모두 같다면, 우리는 피조사자들의 태도의 다양한 유형들을——안심에서부터 모든 형태의 불안과 소심함을 거쳐 포기에 이르기까지——구별할 수 있다."(p.134)

모제가 언급한 상황들 속에서 면접인은 관망하는 태도를 유지하는 것 같고, 반면에 피면접인은 자기 소개 체계를 바꾸어서 특히 문체적이고 담화적인 이러한 소개가 면접인의 소개에 부합하게 한다.

라보브(1978)는 피면접인의 담화 생산을 방해하는 피면접인과 면접인 사이의 너무 큰 사회적 격차에 관한 그 문제를 언급한다. 그러나 그는 이러한 방해가 면접인의 무능력 때문이 아니라, 그들의 사회적 위치 격차를 배가시키는 면접의 계약 배경의 결과라는 사실을 보여준다. 흑인 면접인(할렘가에서 자라서 그 동네와 거기서 사는 소년들을 아주 잘 아는) 앞에서 할렘가의 한 흑인 소년은 말하는 데 아주 심한 억압을 느낀다. 이러한 명백한 사회적 친근성에도 불구하고 면접인은 그러한 상황을 억압하는 사회적 차이(성인-아이)를 극복하지 못한다.

그래서 연구자들은 면접의 배경을 변화시키기로 결정하고 다음처럼 수정한다.

— 면접인은 충분한 '감자칩'을 준비한다.

— 면접인은 면접하는 아이의 가장 친한 친구를 데리고 온다.

— 면접인은 땅바닥에 앉으면서 키의 불균형을 줄인다.

— 면접인은 금기시되는 주제와 단어를 사용함으로써 마이크 앞에서 모든 것을 말해도 처벌받지 않음을 보여준다.

면접인이 설립한 배경은 아이가 자신을 표현하고 담화를 전개시키기에 충분한 공통된 준거 세계를 창조한다. 면접인이 유일한 보증인인 배경을 만들어 내야만 하는 이러한 필요성은 면접인이 '상류' 사회 계층에 속하는 피면접인에게 접근할 때도 마찬가지로 요구된다.

• 상류 부르주아 계층에서의 조사자

면접인은 '상류' 사회 집단에 속하는 피면접인들과 마주하여, 피면접인이 속한 집단의 지배적 소개 방식과 관례를 따르고자 한다. 면접인의 협박으로 인해 때로 피면접인은 면접인의 직업과 방법이 요구하는 상황의 통제를 어렵게 만드는 가짜 태도를 취할 수도 있다. 그래서 공통된 준거 체계를 구성하는 전략은 적절한 배경을 설립하는 데 필수적이다. 팽송과 팽송-샤를로(1991)는 면접인이 상류 부르주아 계층에 속하는 피면접인을 대면하게 될 때 다음처럼 조정해야 할 몇몇 측면들을 기술한다. "첫번째로 조심해야 할 것은 면접인이 자신이 만나게 될 사람이 행할 것 같은 존재 방식과 태도를 평가하는 기준들로 예측되는 것에 자신의 외양을 맞추는 것이다. 최초의 경험들은 이러한 옷차림에 대한 신중함을 강화시킬 것인데, 왜냐하면 면접인은 자신이 연구하는 사회 집단이 되는 대로 내버려두는 사람들이 아님을 금방 깨닫게 되기 때문이다. 예를 들어 넥타이는 필수적이다. 대조적으로, 사회과학의 다른 학회나 세미나에서 나타나는 공공연한 편안함은 우리가 대학교수나 연구자들의 일상을 규제하는 규칙들과는 완전히 다른 규칙을 지닌 또 다른 세계에 침투한다는 것을 훨씬 더 의식하게 만든다."(p.127)

만약 카멜레온 전술이 경우에 따라 보완적 수단을 마련해 줄 수 있다고 해도 그것은 충분치가 않다. 사실 계약 배경을 설립하고 그것을 따르게 하는 면접인의 능력만이 피면접인이 적절한 담화를 하도록 한다.

의사소통의 계약 배경

이 계약 배경은 최초의 접촉에서부터 대화의 목표와 쟁점에 관한 대화자들의 상호 신뢰와 표상들을 통해 이루어진다. (Blanchet, 1991)

최초의 계약 배경을 설립하기 위해서 면접인은 면접을 요청한 동기와 목적을 피면접인에게 말해야만 한다. 그는 종종 은연중에 나타나는 다음의 두 질문들에 대답해야만 한다.

— 왜 이 연구인가?

— 왜 이 피면접인인가?

면접을 요청하는 목적은 기대된 행동 유형과 연구할 주제를 통해 정의된다. 이처럼 면접인은 면접 전에 다음과 같이 연구를 정의할 수 있다. "어떤 기관에서 진행하는 연구이다. 그리고 어떤 이유들과 어떤 중개를 통해, 나는 어떤 분야에 관련된 당신의 견해와 경험을 알기 위해――그러나 나는 당신에게 정확한 질문을 하지 않을 것이다――어떤 장소와 시간에 녹음되는 면접을 요청하기 위해 당신과 만난다."

고려의 대상이 되는 변수들 중에 다음과 같은 것들이 있다.

— 면접의 목표: 피면접인의 표상 체계 속에 포함된 정보 · 서

술·의견·추론을 추출하기.

— 피면접인의 선택 그리고 특히 접촉 방식(서로 아느냐 모르느냐). 베질(1985)은 피면접인이 자신이 매개로 삼은 표상에 부합하는 면접인의 표상을 만들려는 경향이 있음을 증명한다.

— 면접을 녹음기로 녹음하느냐 하지 않느냐, 이것은 두 사람의 관계 속에 제삼자의 출현을 구체화하고 대화에 예외적 차원을 부여한다.

— 대화상대자들의 전문적 능력 혹은 비능력이 문제가 되는 면접의 주제. 이러한 능력 그 자체는 주제의 익숙함과 그것의 외연성이라는 두 가지 측면과 연결되어 있다.

주제가 피면접인에게 친숙하면, 피면접인은 전문가임을 자처하고 면접인에 대한 주제 의존도를 줄이고자 한다. 즉 피면접인이 면접인에게 전달하는 표상과 추론은 이미 구상된 생각과 능동적 기억 작용의 도움을 구한다. 그래서 미리 구성된 담화는 대화의 기제들에 민감하지 않다.

반대로 주제가 피면접인에게 친숙하지 않으면 그는 순진하게 말하고 면접인에 대한 관계적이고 주제적인 의존도를 높이는 경향이 있다. 그가 전달하는 표상과 추론은 불확실하고 때로는 모순적이며 다른 암묵적 지식들의 유추를 통해 뒷받침되기도 한다. 담화는 불안정하고 우발적이며 일상적이지 않은 질문들에 대답하기 위해 구성된다.

주제의 외연성은 세계의 목적들에 관련되는 속성으로 규정된다. 예를 들어 "당신 동네를 나에게 설명해 주시오"라는 지시문은 외연적 주제를 정의하지만 "우정에 대해 당신이 느끼는 것을 나에게 말해 주시오"라는 지시문은 비외연적인 주제를 정의한다. 주제가 외연적이면 담화는 진실의 요구에 대응한다. 반대로 주제가 비외연적이면 담화는 진정성의 요구에 대응한다.

— 요청된 행위의 유형: 주어진 주제에 관한 피면접인의 자율적인 담화의 생산은 면접인에 대한 어떤 의존도를(강요된 주제) 내포한다. 그들 서로는 자유로운 파롤을 공유한다는 착각을 만들어 내면서 그것을 부정하는 것 같다.(자율적인 담화) 그러나 면접인은 면접의 계약 배경의 보증인이다. 면접은 그의 요청으로 실현되고 그는 그것의 이유와 기법을 아는 것으로 간주된다. 면접인은 이러한 입장을 유지해야만 하는데 왜냐하면 그는 **배경의 보증인**이기 때문이다. 면접은 괄호이고, 오직 면접인만이 장치의 목표들과 관련하여 기능 장애적인 피면접인과 면접인 사이의 모든 공모인 '중괄호들'을 정의하고 유지하는 권한을 지닌다. 바로 이 배경 안에서 피면접인은 **자신의 담화의 주도권**을 유지한다. 사실 면접인의 설명이 피면접인을 배경 선택으로 유도하는 이상, 피면접인이 면접을 승낙하면서 자신이 연기하고 있는 연극을 모른다고 생각할 아무런 이유가 없다. 겉으로 보기에 이유도 질문도 보상에 대한 희망도 없이 면접의 원칙을 승낙한 피조사자는 최소한 심리적 · 사회적 · 과학적 · 정치적 요청에 따른다. 반대로 만약 그가 장난삼아 자신의 고유한 배경을 정하는 것을 승낙한다면 면접은 의사소통 계약의 협상 자리가 될 것이고, 이것은 면접이 면접인에 의해 조정되기

어렵고 게다가 통제될 수도 없게 만들 것이다.

첫번째 교환에서부터, 우리는 면접의 게임이 원칙적으로 면접인이 사용한 개입 유형에 따라 주제가 유도되었는지에 좌우됨을 확인한다.

개입 방식

면접인은 청취 및 개입의 전략들을 이용해서 주어진 주제에 대한 담화 생산을 용이하게 한다는 그의 목표를 수행한다.

청취 전략

면접인은 피면접인에 의해 전달된 정보를 실시간으로 처리한다. 이러한 처리는 다음 세 가지 유형의 질문들과 관련될 수 있다.

— 그가 말한 것들은 나에게 무엇을 의미하는가?(지시적 차원)

— 그가 생각한 것은 나에게 무엇을 의미하는가?(양태적 차원)

— 그가 나에게 행위로서 성취하고자 한 것은 나에게 무엇을 의미하는가?(발화 내적 차원)

면접인의 청취 활동은 자료의 녹음 행위와 유사하지 않고 의미 작용을 생산한다. 즉 그것은 면접의 목표들에 관련하여 선택·추론·비교 작용들을 실행한다. 그래서 그것은 진단적 활동이다. 그것은 또한 조사를 준비하는 동안 시작된 대상의 설립과 객관화 과정을 모두 재검토하고, 여기 실현 단계에서 계속

된다.

이렇게 목표를 향한 청취는 명시적이든 함축적이든 면접인의 전제 가설들에 의해 유도된다. 지표를 획득하고, 가설을 생산하며, 그 지표를 해독하고, 새로운 지표를 통해 가설들을 테스트하는 것은 바로 인지 활동이다.

면접에서 면접인은 이렇게 의미 구조를 구성하고 이를 바탕으로 그의 다음 개입을 생각한다. 그 개입은 면접인이 실행한 청취 작용을 피면접인에게 대략적으로 표현한다.

이러한 상호 작용과 영향의 과정이 면접의 편차 효과에 관한 문제의 핵심이다. 사실 만약 개입을 통해 표현되는 면접인의 청취가 피면접인의 담화적 대답의 의미를 푸는 열쇠라고 한다면, 우리는 이러한 청취 활동에서 실행되는 과정들을 **명시**함으로써 피면접인의 담화를 정확하게 해독할 수 있다고 생각할 수 있다.

예를 들어 어떤 면접인이 피면접인의 담화에 관해 사전에 최소한의 진단도 하지 않고 자신의 모든 개입을 **무턱대고** 실행한다고 가정해 보자. 그때에 피면접인의 담화는 면접인은 모르는 피면접인 자신이 구성한 의미 구조로 유도될 것이다. 맥락을 모르는 담화는 해독될 수 없다.

반대로 면접인이 자신의 진단 활동에 부합하는 전략에 따라 자신의 모든 개입을 실행한다고 생각해 보자(정보의 획득, 명백한 준거를 배경으로 한 가설의 생산, 가설의 검증 등). 그때부터 피면접인의 담화는 면접인이 구상한 의미 구조에 의해 유도될 것이다. 그 담화는 일관된 체계의 질문들과 관련하여 만들어진 가설들에 대응하기 위해 유도되어, 그 맥락 속에서 해독될 것이다.

이처럼 면접의 방법론의 열쇠는 청취 기법과 그것의 준비 및 사후 명시에 근거하고 있다. 그러나 이러한 청취는 그것이 정확한 목표와 명백한 이론적 준거 배경을 통해 알게 되는 만큼 더욱 효과적이다. 예를 들어 우리는 대리모를 주제로 한 면접을 추진할 다양한 방법들과 주어진 사회 집단이 그것에 부여한 표상들을 생각해 낼 수 있다. 모든 것은 우리가 추구하는 것, 우리가 어떤 조사를 실현하는 이유, 사람들의 표상 체계에서 나타나는 실천을 수집하기 위한 전제 가설에 달려 있다.

만약 우리가 이러한 실천이 가족이나 성생활 등에 대한 일관된 체계를 혼란시키는 표상을 야기시킨다고 가정한다면, 그때에는 이러한 가설에 관련하여 적절한 정보들, 예를 들어 역사·지위·임신·가족 소설을 찾는 것이 필수적이다. 그리고 담화의 도중에 가설을 확고하게 하거나 약화시키는 요소들을 체크하고, 보충 정보들을 이용해서 그것의 견고함을 평가하며, 이렇게 해서 연구 목표들에 부합하는 의미 작용의 구조를 구성하는 것이 필요하다. 다른 가설들도 검증받을 수 있는데, 그 각각은 면접인이 자신의 목표에 적합한 형태로 개입하는 것을 결정하기 전에 생각되고 명확히 진술되어야만 한다.

그러나 개입은 그것의 다양한 유형들에 대한 전제 지식과 피면접인의 담화에 미치는 각각의 효과에 관련해서만이 결정될 수 있다.

개입 전략

면접인은 선적이고 구조화된 담화를 생산하기 위해 다음의 세 가지 기법을 배치한다.

— 반론, 피면접인이 앞서 전개한 관점에 대립하는 개입.

— 외적 질문 혹은 지시문, 새로운 주제를 이끄는 주도적 개입.

— 되받기, 일종의 다소 연역적이고 다소 충실한 설명으로 피면접인이 전개한 주제에 포함되는 종속적 개입.

• 반론

면접인이 제시하는 반론은 피면접인으로 하여금 자신의 담화의 논리를 유지하게 하는 개입 방식이다. 그러나 이러한 유형의 개입은 조사자가 피조사자에게 자신의 의견과 입장에 관한 정보들을 부여함에 따라 조사의 배경을 변화하게 한다. 이러한 유형의 개입은 자신의 의견을 극단화하도록 피면접인을 부추긴다. 다른 한편, 면접인은 반론을 함으로써 반대편 대변인의 역할을 분명하게 하지 않는다고 해도 자신의 중립적 위치는 떠난다.

저널 면접에서, 특히 정치인들과의 인터뷰에서 최근 유행하고 있는 반대 논증의 사용은 피면접인이 논증된 공개적 지지를 산출하는 상황에 아주 잘 맞다. 그러나 이러한 개입은 오직 면접인이 자신의 고유한 생각을 발화하지 않고 대중이나 행위자의 말을 이어가는 의사소통의 배경하고만 양립한다. 사실 추출된 정보가 오직 피면접인의 것이기를 원하는 연구 면접에서 면접인의 직접적 반대 논증은 면접인의 의견 표현으로 해석될 것이고, 장르에 적합한 배경을 위반할 것이다.

외적 질문은 그 계약 배경을 존중하지만, 면접의 담화적 목표와는 잘 조화되지 못한다. 새로운 주제 영역을 정의하는 것은 개입의 직접 방식이다. 연구 면접에서 지시문들은 실질적으로 유일하게 사용된 외적 질문들이다.

• 지시문

지시문은 피면접인의 담화의 주제를 정의하고자 하는 개입이다. 모든 연구 면접은 시작 지시문으로 시작된다. 지시문은 명확해야 하고, 최초의 계약과 모순되지 않으면서 요청의 목적에 관해 그것보다 더 분명해야만 한다. 지시문은 피면접인에게 면접의 주제적이고 논리적인 맥락을 부여한다. 기대된 대답의 범위는 동일한 표본의 모든 피면접인들의 담화를 포함할 수 있도록 충분히 폭넓어야만 한다.

지시문은 피면접인의 표상이나 그의 경험에 관한 담화적 대답을 요청하는 것처럼 작성된다. 첫번째 경우에서 지시문은 다음의 의견 담화를 유도한다. "당신은 ……에 대해, 당신에게 그것이 무엇을 의미하는지를 말해 주십시오."

두번째 경우에 지시문은 서술 담화를 유도한다. "당신은

……에 대해, 그것이 어떻게 진행되었는지 말해 주십시오."

지시문의 역할은 면접에서 본질적이다. 이 안내문들은 계약 배경에 정보적 요소들을 추가하고, 담화의 적합성을 확고하게 하기 위해 존중되어야 한다.

각각의 지시문은 새로운 주제적 연속체를 도입한다. 피면접인에게 있어 지시문의 증가는 면접인이 생산된 담화에 부여하고 싶어한 구조화의 부분을 표현한다. 면접인이 담화를 구조화하면 할수록, 피면접인의 담화는 덜 장황하고 덜 연상적이며 내적 일관성으로 덜 연결된다. 반대로, 되받기는 연구 면접의 전형적 개입을 구성한다. 왜냐하면 그것은 피면접인이 자신의 생각을 훨씬 명확하게 진술하고 개입을 통해 간접적으로 문제화된(이론의 여지가 있는) 담화의 부분을 전개하도록 하면서, 피면접인의 담화에 대한 피드백을 도와주는 경향이 있기 때문이다.

• **되받기**

되받기는 피면접인의 이전 진술을 목표로 한다. 그것은 직접 질문들(**주도적 행위**인)처럼 피면접인의 담화를 요구하지 않고 발화된 논증에 대립되지도 않지만, 대화에서 주도적인 행위 기능을 가지는 그 담화 속에 끼여든다. 되받기는 언급할 주제들을 정의하지는 않지만, 피면접인이 발화할 때 피면접인에게 속하는 내용의 부분들처럼 나타난다. 그것은 **반응적 행위**이다.

우리는 이론적으로 여섯 가지 유형의 되받기를 구분할 수 있는데, 그 각각은 생산된 담화에 특별한 효과를 가진다. 그것들은 두 가지 기준, 면접인이 행한 언어 행위와 목표된 담화 사례에 따라 재편성될 수 있다.

면접인이 행한 언어 행위는 다음일 것이다.

— 반복: 화자는 대화상대자가 발화한 의견을 반복하면서 되풀이한다.

— 선언: 화자는 대화상대자에게 자신의 관점을 알게 한다. 면접에서 문제는 당연히 피면접인의 담화에 영향을 미치는 관점이다(사실 연구의 주제에 관한 면접인의 관점을 발화하는 것은 최초의 계약에 모순될 것이다).

— 질문: 면접인은 피면접인에게 질문한다.

목표된 담화 사례는 다음일 것이다.

— 우리가 논의하는 목표의 정의 및 확인의 영역으로 규정된 지시적 영역.

— 지시 관계에 대하여 피면접인의 욕망 혹은 신뢰의 영역으로 규정된 양태적 영역.

따라서 "나는 대리모는 지각이 없다고 생각한다"는 문장에서 "나는 생각한다"는 양태적이고 "대리모는 지각이 없다"는 지시적이다.

이러한 면접인에 의한 여섯 유형의 되받기는 다음의 도식으로 그려질 수 있다.

혹은 이러한 개입들을 증명하기 위해 다음의 면접에서 한 예를 이끌어 낸다.

대리모의 시행과 대리모가 가지는 표상들에 관해 여학생들

면접인의 되받기 유형

영역	행위 유형		
	반복	선언	질문
지시적	모방	보충	지시적 질문
양태적	반영	해석	양태적 질문

을 면접한다. 한 여학생이 다음과 같은 두 문장을 발화한다.
"대리모들은 용기가 있다. (…) 그러나 나는 그녀들이 지각이 없
다고 생각한다."

담화는 복합적이다. 그것은 전자는 지시적 영역, 후자는 양
태적 영역에 속하는 두 문장을 발화한다.

예증을 위해 다음의 여섯 가지 개입 문장들이 있다.

— 모방: 개입은 피면접인의 담화의 하나 혹은 여러 개의 **지
시적** 발화문들을 반복하거나 명확히 한다. "그녀들은 용기가
있다" 혹은 "그녀들은 지각이 없다" 혹은 "그녀들은 용기가 있
고 지각이 없다."

— 반영: 개입은 피면접인의 담화의 하나 혹은 여러 발화문
들을 **양태적** 접두사와 함께 반복하거나 명확히 한다. "당신은
그녀들이 용기가 있다고 생각합니다" 혹은 "당신은 그녀들이 지
각이 없다고 생각합니다" 혹은 "당신은 그녀들이 용기가 있고
지각이 없다고 생각합니다."

— 보충: 개입은 피면접인의 앞선 발화문에 **지시 관계**의 확
인 요소를 추가한다. "그녀들(대리모들)은 문제를 일으킨다" 같
은 부분적 연역이거나, '또한 헌신적인' 같은 불확실한 예측(보

충 포함)이거나 "그녀들은 지각이 있지 않다" 같은 논리적이고 실용적인 추론이다.

— 해석: 그것은 피면접인이 표명하지 않은 **태도**를 암시하는 것을 목표로 한다. "당신은 불행한 결과를 두려워합니다."

— 지시적 질문: **지시 관계**의 보충적인 확인 요구이다. "어떤 경우?"

— 양태적 질문: 피면접인의 명제 **태도**를 확인하려는 요구이다. "당신은 어떻게 생각합니까?"

면접인의 되받기는 이렇게 해설하는 특성을 지닌다. 즉 그것은 피면접인의 담화를 받침대로 생각한다. 면접인은 자신의 되받기를 통해 이미 말해지지 않은 것은 아무것도 말하지 않을 것이다. 그는 강조하고 종합하며 정리하고 상세한 내용을 물으며 담화 구조의 본질적 부분을 피면접인에게 맡길 것 같다.

그러나 되받기는 각각 다르고, 면접인은 자신이 말할 차례에 여러 가능한 해결책들 중에 아주 폭넓은 선택권을 가진다. 그러므로 되받기가 단지 구두점이나 확인의 역할만을 할 뿐이고 다소 '비지시적'일 것이라는 사실을 인정하기는 어렵다. 사실 피면접인에 있어 각 유형의 되받기는 그의 담화가 필연적으로 대응하게 될 정보적 가치를 획득하게 한다. 되받기는 담화를 유도하고, 그 내용에 영향을 끼치며, 또한 몇몇 실험 조건에서 피면접인들의 의견을 변화시킬 수도 있다.(Blanchet, Bromberg & Urdapilleta, 1991)

2. 담화와 개입의 상호 작용

피면접인이 발화한 담화는 되받기를 이용해서 담화의 선적인 생산을 요구하는 면접인과의 지속적인 상호 작용으로 구성된다.

각 면접인은 자신도 모르는 사이에 어떤 유형의 개입을 다른 것보다 더 사용하는, 특히 자신의 교육과 연관된 개인적 경향을 지닌다. 그러나 각 개입 유형은 반대로 상호 작용이 불러일으킨 몇몇 담화 방식들을 통해서도 요청되어진다. 그러나 모든 다른 상호 작용적 영역에서처럼 이 영역에서도 예외가 흔히 규칙이 되고, 우리가 관찰할 수 있는 경향들은 단지 참고적 가치만을 가진다. 우리가 아래에 기술하게 될 것이 바로 이러한 개입과 담화의 연관이다.

담화 유형들

면접에서 생산된 담화들은 본질적으로 **단정적** 발화문들로 구성되어 있다. 다시 말해 그것은 청자에게 어떤 상황이나 진실로 간주된 어떤 생각을 인식시키는 것을 목표로 한다.

이 '단정적' 발화문들을 다음과 같이 세 가지 범주로 구별할 수 있다.

— 서술적 발화문, 지나간 사건들을 설명하는 것을 목표로

한다.

— 정보적 발화문, 신뢰나 욕망(의견·제안 등)을 알리는 것을 목표로 한다.

— 논증적 발화문, 주어진 논리에 따라 담화를 조직하는 것을 목표로 한다.

이 담화 범주들의 각각은 언어적 표지를 통해 의미론적이고 문법적으로 위치할 수 있다(예를 들어 서술적 발화문에서는 과거 동사 시제, 정보적 발화문에서는 생략되기도 하는 동사 양태사, 논증적 진술문에서는 인과성·연속성·조건성의 문장 간 연결사).

이러한 담화 양태들은 첫째로 조사의 주제 및 피면접인이 그 주제와 유지하고 있는 관계 유형(우리가 앞서 주제의 외연성과 친숙성으로 정의한 것)에 따라 달라진다. 만약 우리가 예를 들어 구체적(외연적) 주제와 추상적(비외연적) 주제를 구별한다면, 구체적 주제('자동차')에 관한 담화는 만약 피면접인이 그것에 관한 직접적 경험을 갖고 있다면(친숙한 주제) 더 쉽게 서술적이 될 것 같고, 추상적 주제('자유')에 관한 담화는 피면접인이 사전에 그 주제(친숙한 주제)에 관해 생각하는 만큼 정보적이 될 것 같다. 그러나 담화가 이 다양한 범주들에 속하는 발화문들을 결합하는 것이 더 빈번한 일이다.

다른 한편 앞서 정의된 개입 유형들은 이러한 담화 유형들에 서로 다르게 영향을 미친다.

담화 유형에 대한 되받기의 효과들

이렇게 우리는 면접인의 반복적·선언적·질문적 개입들이
몇몇 담화 유형들에 더 잘 들어맞고, 동시에 그것들을 구성하
는 경향이 있음을 알 수 있다. 예를 들어 보충은 서술적 담화를
자극하는 반면, 반복은 정보적 담화나 의견적 담화에 더 쉽게
포함된다. 질문은 이런저런 담화 양태를 유발하거나 일시적으
로 지지할 수 있다.

반복의 공격적 효과

피면접인이 이미 표현한 내용을 반복하는 이러한 개입은 청
취의 확인과 명시의 요구를 동시에 나타낸다. 개입은 엄격하게
정보적 담화(의견 담화)를 되받는 반면 서술이나 기술(경험 이야
기)에 의존하면서 때로는 '완전히 실패한' 여분의 구두점을 구
성할 수 있다.

• 모방 반복("그녀들은 용기가 있다")

좀 전에 발화한 어떤 것을 누군가에게 되풀이한다는 것은 그
대화상대자에게 우리가 잘 듣고 이해했음을 나타내며, 또한 자
신도 모르게 담화의 전체 속에서 선택을 하고 이렇게 해서 우
리는 즉자적으로 혹은 대자적으로 그것의 중요성을 강조하고
있음을 표명한다. 모방은 위치를 정하는 기법이고, 그것의 체

계적인 사용은 대화상대자를 자극하며, 만약 그가 동의한다면 자신의 담화를 면접인의 지배하에 둔다. 보기와는 반대로 이러한 개입은 피면접인에 대해 **공격적**이고 그의 발화문들을 원하는 만큼 빌려오고 반환한다. 면접에서 그것을 남용하면 우리 사회에서 가장 널리 퍼져 있는 언어적 습관들과 비교되는 매우 인위적인 대화를 생산한다(이러한 측면에서 보충이 '더 자연스러운' 것 같다). 그것의 효과는 지속적이고 문제 제기적이지만 보충은 오히려 평범한 효과를 지닌다. 모방은 다음과 같이 저항 혹은 복종을 유발한다.

— 자신의 담화의 요소들이 다른 사람에 의해 끌려가는 것을 거부한다. 담화는 전체를 구성하고, 어떤 사람의 통일성과 완결성을 표현한다.

— 우리는 다른 사람이 우리 자신에 대한 진실의 일부분을 소유하거나 생기게 할 수 있다고 전제할 때, 발화 행위의 책임을 어느 정도 다른 사람에게 양도한다.

• 반영 반복("당신은 그녀들이 용기가 있다고 생각합니다")

양태적 반복은 반복된 명제 자체 속에서 진실의 가치를 문제 삼지는 않지만, 그것의 발화적 **기원**을 강조하면서 발화된 내용을 상대화하고 화자의 솔직성의 문제를 진실성의 문제로 대체한다.

반영, "당신은 ……라고 생각합니다"와 마찬가지로 "당신은 ……라고 말했습니다" 혹은 "당신은 ………한 느낌을 받았습니다"는 말해진 것과 생각된 것 사이의 차이를 강조하는 언어학적 배경을 구성한다. 면접인은 "진실인가?" 혹은 "솔직한가?"를 묻는 것 같다.

연구 면접에서 반영의 체계적 사용은 피면접인이 자신이 발화하는 것에 대해 가지는 믿음을 간접적으로 문제삼는 것 같다. 그래서 반영은 초과 양태적 담화 유형을 끌어낸다. 그리고 그것은 면접인과 피면접인이 주제에 관하여 유지하는 능력의 관계에 따라 뉘앙스와 확신의 효과를 생산하게 하는 경향이 있다. 즉 미숙한 피면접인이 탐색된 주제적 대상에 관해 불확실하고 유동적인 담화를 생산하거나 능숙한 피면접인이 확신과 신뢰들로 확고화된 발화 행위를 한다.

선언의 대조적인 효과

선언 형태의 개입들은 피면접인이 더 완벽하고 일관성 있는 담화를 생산하도록 도와주는 시도이다. 보충은 완벽함을 목표로 하는 반면, 해석은 피면접인의 감정이나 의견을 내포하는 인과 관계의 연속이 존재함을 강조하는 데 전념한다.

• 보충("대리모들은 문제를 일으킨다")

면접인은 보충(부분적 종합, 불확실한 예견, 내용에 대한 추론)을 하면서 개인적 관점을 부여하지 않고(그것을 추측하게끔 하면서) 어떤 해석도 하지 않는다(자신에게 말한 것은 들었다는 것을 나타내면서).

그것을 위해 경우에 따라 면접인은 다음의 세 가지 방식을 행한다.

— 그는 자신이 이해했다는 것을 보여주고 피면접인이 말한 것에 대해 관심을 갖고 있음을 확인시켜 주는 일종의 결정적이고 일반화한 재표명을 한다.

— 혹은 그는 불확실하고 성급한 연역을 주장한다——그는 '원하는 정보를 얻기 위해 바보 행세를' 한다——그래서 피면접인은 명백한 결함(표현과 이해에 있어서)을 채우기 위해 보충 설명을 한다.

— 혹은 그는 논리적이고 실용적인 추론을 하고, 생각과 사실을 발표할 때 추론에 민감한 청취를 한다.

• 해석("당신은 불행한 결과를 두려워합니다")

해석은 피면접인의 이야기의 이유에, 다시 말해 말하는 주체의 의도가 구성한 그대로의 의미에 초점이 맞춰진 개입이다. 피면접인은 그러한 의도성의 연구를 거의 항상 담화에 대한 영향력으로 느낀다. 사실 모든 화자는 자신이 말한 것의 의미를 보유하고 싶어하고 아마도 특별한 상황(가입·이전·복종 등)에서만 대화상대자에게 이러한 특권을 넘겨준다. 연구 면접에서 해석은 어휘의 '정신분석적' 의미로의 해석(Nathan, 1987)보다는 피면접인의 감정들의 명시(Porter에 의한 이해적 태도, 1950)에 더 가깝다.

그러나 연구 면접에서 해석은 치료적 배경에서처럼 확인적인 혹은 무효화하는 의도를 드러낸다고 가정됨에 따라, 동의나 거부의 효과를 유발한다. 확인적 해석은 일반적으로 피면접인에 의해 유효하게 된다. 그리고 그것은 담화를 양태적 영역과 사적이고 내면적인 사유의 표현으로 유도하는 경향이 있다.[23) 무효화하는 해석은 때로 피면접인이 어떤 일관성을 만드는 것을 방해하고 담화가 인과 관계 연쇄를 수정하도록 한다. 이 논증적 담화는 흔히 주체의 제거 및 보편화의 과정을 수반한다. 예를 들어 이런 경우에 흔히 피면접인은 (심리적·사회적 등) 전문 용어를 사용하곤 한다.[24)

질문의 교란적 효과

명확하고 표준화된 질문지를 통한 면접에서 나타나는 것처럼(대답의 피상성과 분산화) 질문의 역할은 담화적 기제가 지배적인 대화 맥락에서 실질적으로 완전히 삭제된다. '매우 적은' 분량으로 나누어 준 질문들은, 피면접인에 의해 언급된 주제에 속하는 대상에 관한 담화 영역을 직접적으로 요구하는 기능을 지니고 있다.

반대로 방대한 양의 질문은 연구 면접의 전개를 혼란시킨다.

미숙한 면접인이 면접을 실행할 때 때로 그러한 경우가 일어난다. 그래서 질문적 개입의 비율이 높으면(면접인의 상당한 불

---

23) W. Labov와 D. Fanshel는 '일상적 스타일'에 대해 말한다.
24) W. Labov와 D. Fanshel(*op. cit.*)은 이런 담화 유형을 '**면접 스타일**'이라고 부른다.

편함을 표현하면서) 피면접인의 담화의 선조성을 깨뜨린다는 것을 확인할 수 있다. 그래서 피면접인은 면접인이 질문해 주기를 기대하고 실제로 그에게 발화 행위의 책임의 상당한 부분을 위임한다. 그는 수동적 입장을 유지하고자 한다. 너무 질문에 치중한 면접은 심문과 유사하다. 이것은 미리 준비된 어떤 질문도 면접인의 개입 형태와 내용을 정의하거나 증명하지 않는다는 의미에서 질문지법도 아니고, 달성된 목적이 이러한 장치를 통해 원칙적으로 겨냥된 목표——선적이고 구조화된 담화를 구성하기——에 부합하지 않기 때문에 연구 면접도 아니다.

결국 면접인이 사용하는 세 가지 유형의 개입(반론·지시문·되받기) 중에 원칙적으로 첫번째로 해야 할 것은 거리를 두는 것이다. 면접중에 지시문의 사용은 피면접인의 담화의 선조성을 깨뜨리고, 그 담화의 주제를 면접인의 요구에 맞추게 해서 피면접인의 장황한 담화를 줄어들게 한다. 반대로 되받기는 피면접인의 담화 생산을 옹호하는 데 가장 효과적인 개입들을 구성한다. 그러나 그것은 중립적 개입이 아니고, 면접인의 어떤 의도를 표현하면서 담화에 영향을 끼친다.

이렇게 명확한 목표를 바탕으로 구성되고 일관성을 유지하는 조사의 계획은 환경과 계약과 개입의 변수들을 최대한 한정하고 예측할 수 있을 것이다.

일관성의 가설은 상황의 담화적이고 계약적이며 환경적인 변수들이 일관될수록, 피면접인은 면접인의 의도를 더욱더 빠르고 명확하게 추론할 수 있음을 가정한다. 만약 그러한 경우

라면, 면접인은 피면접인의 담화를 연구의 문제 제기에 부응하는 점들로 간접적으로 더 잘 유도할 수 있다.[25] 우리는 그것으로 몇몇 계획 원칙들을 연역할 수 있다.

면접인은 자신이 생각하는 개입들을 전부 말할 수는 없으며, 그것들 중에서 계약에 관련하여 가장 적절한 것을 선택해야만 한다는 것을 알아야만 한다. 그러나 그는 또한 그가 원한다면 특별한 개입 전략을 선택하면서 계약 변수들을 수정할 수 있음을 알아야만 한다.

그러므로 면접의 운영은 동시에 그때그때마다 실행되는데, 왜냐하면 청취는 진단적이고 문제화와 해석의 작업을 실시간에 예견적으로 유도하기 때문이며 또한 면접의 대화 기능은 다양한 대답들의 대화 체계에서 실행되기 때문이다.

---

25) 모순적 기호들을 전달하는 맥락의 존재는 상황을 모호하게 하고 가장 흔하게는 면접인의 개입에 대한 해석을 결정할 수 없게 만든다. 이러한 결정 불능은 경우에 따라 피면접인의 대답에서 두 가지 주요한 결과를 초래한다. 즉 개입의 여러 가능한 해석들에 대답하기 위해 억지로 만든 모호한 담화의 생산(비정보적 담화) 혹은 면접인의 연구의 문제 제기에는 더 이상 속하지 않는 자동 지시적 담화의 생산(비적절한 담화)을 초래한다.

IV

담화의 분석

면접은 그 자체로 목적을 구성하지 않는다. 연구의 결과에 이르기 전에 담화의 분석이라는 본질적인 작업을 실행해야만 한다.[26] 담화의 분석은 가설을 사실에 대조시킬 수 있는 자료를 선택하고 추출하는 것이다.

이러한 분석은 **자료체**, 다시 말해 면접인과 피면접인이 생산하고 문자적으로 다시 기록[27]한 담화들 전체에 실행된다. 그래서 담화의 분석은 녹음 자체가 아니라 씌어진 텍스트들에 관련된다. 단순히 녹음을 검토하는 것이 불가능하거나 그것을 참조하는 것이 때로 무용하기 때문이 아니라, **청취의 분석**이 결과 산출의 실질적인 과정의 의사소통 능력을 허용하지 않기 때문이다.

이렇게 실현된 내용 분석의 목표는 사실 다음과 같이 이중적이다. 의미의 추출 방식을 안정시키기, 그리고 연구의 목표들에

---

26) 우리는 대화의 모든 상황에서 화자의 생산물을 담화라고 한다.
27) 문자적 다시 쓰기는 음성적인 말을 씌어진 텍스트로 표상하기 위해 구두점의 관례적 기호들을 사용한다.

부응하는 결과들을 생산하기.

우리는 담화의 분석과 그것의 부분 집합인 내용의 분석을 구별한다. 담화의 분석은 모든 언어 성분들의 분석에 관련되고 두 가지 유형의 접근을 본질적으로 포함한다. 즉 한편으로 라보브(1978)가 한 것처럼 언어의 형식적 구조들을 연구 비교하는 언어학적 분석, 다른 한편으로 담화가 전달하는 표상 체계들을 밝히기 위해 담화의 의미를 연구 비교하는 내용 분석. 내용 분석은 사회학과 사회심리학에서 우선적으로 사용된다.

1. 의미의 생산

담화의 의미는 무엇인가? 그것은 자료가 아니고 생산물이다. 그것은 방향이 정해진 읽기이다. 면접은 겉으로 보기에 자발적인──사실 우리가 앞서 봤던 것처럼 그것을 가로지르는 상호 작용을 통해 대강 미리 만들어지고 공동 제작된──소재를 드러낸다. 이어서 행해지는 처리는 (분석) 메시지와 그것에서 끌어낼 의미를 만드는 데 공헌한다. 조사자는 피면접인을 말하게 한 이후에 담화의 분석을 통해 텍스트를 말하게 한다.

이 점을 잘 보여주기 위해, 텍스트의 요약과 그것의 내용 분석이라는 두 가지 처리를 비교할 것이다. 요약은 중립적이다. 그것은 텍스트의 단순화된 묘사를 원한다. 그리고 비선택적이기를 원하고 오직 주절 혹은 원인절만을 유지하면서 텍스트를 축소한다. 그것은 발화문에 최대한 충실한다는 원칙과 함께 내인적 읽기에서 발생한다. 그것은 가능한 한 텍스트의 논리와 그것의 내적인 일관성을 결합하며, 주제들의 복합성을 보존한다. 즉 그것은 저장 기능을 갖고 있다.

내용 분석은 가설들을 내포한다. 그것은 대단히 선택적이다. 그것은 분석가의 목표들을 통해 알게 되는 외인적 읽기이다. 그리고 텍스트의 명시적 일관성을 무시하고 재현할 수 있는 기본적 단위들을 분해한다. 그것은 내용의 단순화를 목표로 한다. 즉 그것은 명료함의 효과를 생산하는 기능을 지니고 어느 정도의 해석을 포함한다.

다음의 텍스트가 있다고 가정하자.[28]

면접인: "나는 당신이 최근에 상속받았다는 것을 압니다. 어떻게 되었는지 말씀해 주실 수 있을까요?"

피면접인: "그것은 두 번에 걸쳐 진행되었습니다. 즉 나의 부모님은 토지와 집 한 채를 소유하고 있었습니다. 그리고 아버지가 돌아가셨을 때 어머니는 우선 토지를 팔았습니다. 왜냐하면 그녀는 그것을 지킬 마음이 없었기 때문입니다. 그것을 활용해야만 했고, 상속세를 내야만 했고, 그것이 가지고 있던 모든 것, 그 위에 있던 모든 것, 그것은 모든 설비를 갖춘 토지였습니다……. 그래서 어머니는 그것을 팔기로 결정했습니다. 그래서 그것을 아버지가 돌아가셨을 때 팔았습니다. 우리는 형제가

---

28) 상속에 관한 조사의 면접의 첫번째 시퀀스이다.(Gotman, 1988)

둘이였는데 그것이 큰 문제를 일으키지는 않았습니다 ……. 그 이후에, 토지를 판 이후에 어머니는 집에 살고 있었습니다. 그리고 거기 역시 수리가 필요하다는 것을 알았지만 어머니는 결정할 수 없었고…… 우리는 어머니에게 집을 팔거나 세를 놓고 다른 집을 사서 다른 곳에서 다시 시작하라고 했습니다. 그것은 어머니에게 상관없으셨고 그래서 집을 파셨습니다……. 그 이후에…… 그래서 우리는 거의 2년 간격으로 토지와 집을 상속받았습니다……. 또 무엇을 알고 싶으세요……. 다른 질문은?"

요약

요약 명제는 다음과 같다.

부모는 토지와 집 한 채를 소유하고 있었다. 아버지가 죽은 후 어머니는 그 설비가 갖춰진 땅을 유지하면서 세금을 내기보다는 그것을 팔기로 했다. 두 자녀와는 큰 문제가 없었다. 그리고 집은 수리가 필요해서 어머니는 자식들이 제안한 대로 그것을 팔기로 결정했고 다른 집을 사지는 않았다. 자식들은 2년 간격으로 땅과 집을 상속받았다.

내용 분석

만약 이 동일한 텍스트에 상이한 주제 분석을 한다면 다른 결과들을 얻게 된다. 대조적인 두 주제적 읽기를 예로 들것이다.

- 첫번째 읽기: 분석은 배우자의 사망 이후 **미망인의 생활**

방식과 유산의 변화에 관한 문제에 집중되어 있다.

— 남편이 사망했을 때 미망인은 설비가 갖춰진 땅을 유지하고 관리하기보다는 팔기로 결정한다.

— 그녀는 집을 수리해야만 하자, 조건 없이——또 다른 집을 구입하기보다는——팔고 세입자가 되기를 원한다.

— 그녀는 자녀들을 위하여 유산에서 벗어난다.

결론–가설? 유산은 미망인에게 부담일 수 있다.

• 두번째 읽기: 가족 관계의 분석 장치로서 유산과 **가족 상호 관계**에 관한 문제를 중점으로 분석한다.

— 일단 아버지가 사망하면 땅과 집에 관한 일련의 결정이 취해져야만 한다. 두 결정 모두 어머니가 내릴 것이다.

— 첫번째 결정(토지의 매각)은 두 자녀에게 큰 문제 없이 내려졌다. 두번째(또 다른 집을 구입하지 않고 집을 매각)는 자녀의 의견을 고려하지 않았다.

— 어머니는 자녀들에게 유산을 물려준다.

결론–가설? 남편이 사망한 후 어머니는 가장의 권위를 떠맡는 것 같다.

그러므로 각 읽기, 분석은 적용된 가설에 따라 동일한 텍스트에서 다른 의미를 이끌어 내었다. 내용 분석 유형의 선택은 수집 유형의 선택과 마찬가지로 연구의 목적과 그것의 이론적 표명에 달려 있다. 그러므로 그것은 가설의 표명과 관련해서 조사의 준비 단계에서 실행된다. 내용 분석은 중립적이지 않다.

그것은 결과의 산출 작용으로서 대상 수립의 최종 단계를 나타
낸다. 그러므로 다양한 내용 분석들은 그 이론적 전제의 관점
에서 그리고 특정한 사용 배경을 고려해서 이루어질 것이다.

2. 다양한 내용 분석들

형식화 수준에 따라, 다시 말해 채택된 분해 원칙에 따라 우
리는 여러 유형의 내용 분석을 구별할 수 있다. 앞서 제시된 요
약과 가장 근접한 분석은 면접 조사 분석이다. 여기서 분해 단
위는 의미 작용을 가지는 담화의 부분이다. 문제는 각 면접에
서 가설에 관련하여 기술된 준거 세계의 논리를 설명하는 것이
다. 분해 방식은 면접에 따라 가변적이다.

이어서 모든 자료체를 횡단하여 분해하는 주제 분석이 있다.
분해 단위는 담화의 부분을 나타내는 주제이다. 각 주제는 경
험적으로 구상된 분석표에 의해 정의된다. 분해 방식은 면접에
항구적이다.

이어서 의미 작용의 이론들에 따라 형식화되어서 분석가의
검증되지 않은 예측과 추론을 방해하는 두 유형의 분석을 제시
할 것이다. 면접 분석과 주제 분석이 연구의 가설들을 바탕으
로 직접적이고 내인적으로 발화문을 분해하는 반면, 형식화된
분석은 의미 생산의 이론, 즉 연구의 가설들에 간접적으로 연
결된 이론에 의해 한정된 규칙들을 바탕으로 분해를 실행한다.

이러한 기법들은 텍스트의 구조를 공격한다. 그것들은 부분적으로 화자와 분석가에게서 벗어나는 담화의 구조적 논리를 바탕으로 의미를 재구성한다. 그것들은 문장이 구성된 방식을 바탕으로 문장의 의미를 탐색하고, 이렇게 해서 감춰진 그래서 더욱 신뢰할 수 있는 받침점을 발견해서 텍스트의 의미를 구성할 수 있다. 이러한 단위들은 명제나 제한된 발화문일 것이고, 면접 및 주제 분석들에서보다 더 기본적이고 작은 단위들일 것이다. 그 기법들은 표준화되고 조직적인 방식들이고 특히나 엄밀한 의미에서의 해석 단계를 지연시키기 때문에, 객관화의 과정을 강화한다.

일반적으로 내용 분석은 자료체의 거의 모두를 설명할 수 있어야만 하고(확장 원칙), 충실해야만 하며(다중 코드화로 검증될 수 있는 것), 자기 충족적이어야만(영원히 자료체에 필요한) 한다.

우리는 면접 분석, 주제 분석, 담화 명제 분석(APD), 그리고 대립 관계 분석(ARO)을 차례차례 제시할 것이다. 뒤의 두 내용 분석 기법들은 하나는 언어 사용의 심리적 이론을, 다른 하나는 구조주의적 사회학 이론을 동원하는 것으로, 그것들이 심리사회학적 접근의 이원성을 증명하고 텍스트들의 자발적인 읽기를 옹호하는 함축적인 전제들을 명확하게 밝혀 주기 때문에 선택되었다.

면접 분석

면접 분석은 각 독창성이 우리가 분석하고 싶어하는 심리적 혹은 사회학적 **과정**을 포함하고 있다라는 가설에 근거한다. 그 러므로 면접 분석은 우리가 과정들, 즉 무엇인가를 드러내 보 일 수 있는 개별적인 조직 방식들을 연구할 때 정당화된다.

— 특정한 병리학(임상 사례 연구).

— 직업적 업무의 실현 방식(인지적 인간공학).

— 존재의 생산 방식 이론(삶의 이야기).

면접 분석은 과정들의 독특한 생성 방식을, 비록 그것이 임 상적이거나 인지적이거나 전기적이긴 해도, 찾아내게 한다.

《그것의 아이》(Donnet & Green, 1973)

저자들은 정신의학 분야의 정신분석 상담을 배경으로 실행 된 단독 면접에 관한 분석 유형(연구 논문)을 전개한다. 그들은 동일한 텍스트에 여러 유형의 분석을 시도했고 그 중의 하나는 '축어적' 분석이라고 불리는데 여기에 그 예를 들 것이다. 면접 을 시작할 때 환자는 다음과 같이 진술한다.

"가정 문제가 있었어요. 그것은…… 나는 아버지가 달라요 ……. 우리는, 음, 그것은, 당신도 알다시피, 그것은 복잡한 문 제예요. 그래요, 내 어머니는 사위와 동침했습니다. 그리고 바 로 내가 그것(ça)의 아이입니다."

저자들은 이 담화의 부분을 다음과 같이 분석한다.

"'있었어요(il y a eu)'와 '나는 달라요(je ne suis)'의 대립은 아주 중요하다. 이야기는 문제의 '객관적' 성격을 강조하기 위해 3인칭으로 시작한다. 우선 그가 태어나기 전 그리고 그가 모르는 동안에 일어난 가정 문제가 있다. 그래서 그 문제는 부차적으로만 그와 관련되었다. 그것은 그들의 문제였고 부차적으로만 나의 문제가 되었다. 그러나 이 이야기는 장애에 부딪히고 '나'는 모호하다. 다시 말해 '나'는 '그들의' 문제이지만 그 '나'는 주관적으로 그 문제가 되기를 원하는 것 같다."

저자들의 해석 방식은 정신분석적이다. 그것은 완전하게 명료할 수는 없다. 그러나 이런 유형의 분석의 정확성은 심사받는 논문의 일관성과 이 면접 분석의 저자들이 부여하는 다양한 해석을 근거로 하고 있다.

《유산과 후손: 다섯 세대에서 나타난 상속과 사회 이동》 (Bertaux & Bertaux-Wiame, 1988)

면접 분석은 또한 사회 계층 및 사회 이동 현상들의 역동적 접근에 따라 수집된 **가족 역사**에 적합하다. 계급 사회에서 특권 계급이나 신분 사회에 대립되는 사회적 재생산은 전혀 기계적이지 않다고 가정한다. 이러한 사회에서 부모들은 아이들의 사회적 **지위**가 만들어지는 요인들(경제적·문화적·사회 공간 위치적 등)만을 상속한다. 경로 형성의 내적 과정들은 가족 역사의 자료체를 통해서와 마찬가지로 중심 조작자의 측정을 바탕으로 명백해진다. 문제는 행위자들의 강화된 동원을 내포하는 일시적인 상황과 결정적 순간(독특한 역사의 전환점, 경로 변경, 방향 전환)을 확인하는 것이다. 이러한 결정적 순간들은 다음과 같은 구체적 지표를 바탕으로 분명해진다. 결정과 소결정, 전기적 연속 속에 직접적으로 포함된 행위자들, 개인적이고 제도적인 다양한 행위자들 사이의 상호 작용, 언급된 대안들, 가능성의 영역의 해석, 맥락화 등. 이러한 결정적 연속체들을 기초로 해서 결정과 방향 전환에 기여할 수 있었던 맥락을 알아내는 것이 관건이다.

주제 분석

면접 분석의 분해가 그것을 독특하게 다시 구성하기 위해 면접의 주제들을 다루는 반면, 주제 분석은 어느 정도 담화의 독특성을 해체하고 면접들에서 나타나는 같은 주제에 관련되는 것을 횡적으로 분해한다. 이처럼 주제 분석은 면접의 **독특한** 일관성을 무시하고 면접 상호간의 **주제적** 일관성을 추구한다. 주제적 조작은 독특한 사람들의 인지적이고 정서적인 구조를 결정적으로 파괴하는 일종의 주제 주머니 속에서 의미적 요소들의 총체를 세우는 것이다.(**Bardin**, 1991, **p.**93) 그래서 주제 분석은 행위가 아니라 실천이나 표상의 설명적 모델의 사용과 연결된다.

그러나 면접 분석과의 차이는 단지 정도의 차이일 수 있다.

여러 관점에서 면접 분석에서 사용된 '차원'은 주제로 생각될 수 있고, 분석은 각 주체가 종합하기 위해 따로따로 접근하는 '주제들'을 검토하는 것이다. 그래서 우리는 동일한 주제가 이 런저런 주체에서 나타나는 다양한 형태를 찾아내는 '수평적' 주제 분석과 대립되는 '수직적' 주제 분석에 대해 논의할 것이 다.(Ghiglione & Matalon, 1978)

결과 생산

주제들을 설정하고 분석표를 구성하기 위해 면접을 읽는 것이 필요하다. 여기서 문제는 우리가 정의했던 의미에서의 내용 분석이 아니라 읽기이다. 이러한 읽기는 자료체의 인식을 목표로 한다.

주제들의 확인과 분석표의 구성은 경우에 따라 면접을 읽고 난 이후에 다시 작성된 연구의 기술적 가정들을 바탕으로 실행된다. 그것들은 가설과 자료체 사이의 반복에서 유래한다. 그러나 예비 조사의 경우에 주제들의 확인은 자료체의 읽기를 바탕으로 거의 배타적으로 행해진다. 그래서 주제 단위는 언어학적 단위처럼 선험적으로 정의되지 않는다. 그것은 연구의 가설들과 문제 제기에 따라 측정할 수 있는 의미의 핵심이다. 그러나 일단 자료체의 분석을 위해 선택된 주제들은 모든 면접 분석의 안정된 배경을 구성한다.

면접 지침서처럼 **분석표**는 최대한 정보를 분해하고 사실적 요소들과 의미 작용적 요소들을 구별하며 검증되지 않은 해석을 최소화하기 위해서, 될 수 있는 한 주된 주제들과 부차적 주제들로 서열화되어야만 한다.(구체화) 그러나 탐색 도구(자료 생산을 목표로 하는)인 면접 지침서와는 달리, 분석표는 설명적 도구(결과 생산을 목표로 하는)이다. 그러므로 그것은 전혀 모방이 아니며 오히려 논리적인 해석이다. 일단 주제와 항목이 확인되고 표가 구성되면, 대응하는 발화문들을 분해하고 **적절한(ad hoc)** 항목들로 분류하는 것이 문제이다. 이러한 발화문들은 복잡한 의미작용과 다양한 길이를 지닌 단위들(문장의 구성 요소들·문장들·문단들……)이다.

예를 들어 상속에 관한 조사의 자료체를 다루기 위해 사용된 주제 분석표가 있다. 그것은 주제(진한 글씨로 씌어진) 및 구체화(괄호 안에)와 함께 주제적 항목들('고딕체'로 씌어진)을 포함한다. 유형학을 만드는 데 기초로 사용될 이러한 표는 각각의 경우를 동시에 설명하기 위해 수직적이고도 수평적인 논리에 따라 다차원적으로 구성된다.

양도의 물질적 이익과 병합 정도

— **조상의 축적**: [상속받거나 모은 조부모의 유산. 상속받거나 모은 부모의 유산].

— **피면접인의 결혼 선물**: [결혼 당시 두 배우자의 재산].

— **가정의 고유한 축적**: [결혼한 이후 배우자들이 모은 재산].

— **세대간의 양도와 병합 정도**: [배우자들이 상속받은 재산. 다른 처분 가능한 자산(문화적·교육적·사회적……). 가정의 사

회적 변천 과정].

— 피면접인의 자녀들의 축적: [자녀들의 교육과 사회적 변천 과정].

가족의 획득물의 자본화와 분배

— 가족의 연대감과 앞선 세대들에 재산 양도.

— 부부의 연대감과 재산 결합: [부모의 부부 재산제, 부모의 세계(계층). 그들의 결합 정도, 부부 연대감].

— 세대간의 연대감과 부모 자녀의 분배: [가족 내에서 부모/자녀 관계, 한 사람이 먼저 사망했을 때 생존해 있는 배우자/자녀의 분배 방식].

— 세대간의 연대감과 공동 상속인들 사이의 분배: [남형제와 여형제 사이의 관계와 형제·자매 사이의 재산 분배].

— 부부 연대감과 부부 상속인의 재산 연합: [피면접인 부부 사이에서 상속을 받을 때 부부화의 수준].

— 상속의 가족 논리: [자손 논리. 부부 논리. 상속인들 사이의 균등].

— 상속받은 재산의 소유화 논리: [매각, 보존, 재투자, 재상속. 의미 작용].

상속 및 정체성의 상속

— 부모의 유산을 상속하기: [유산의 유형(재산·정서·가치). 의미 작용].

― **자녀들에게 뭔가를 주기**: [유산의 유형(재산 · 정서 · 가치). 의미 작용].

― **유산의 사회심리학적인 가치**: [자산 · 추억 · 기타].

우리는 또한 질문지 방식에 작용하는 분석표를 담화적 자료체에 적용할 수도 있다. 면접의 읽기를 바탕으로 해서 주제들의 다양한 양태들을 미리 명시하는 주제표를 구상한다. 예를 들어 돈에 관련한 연구에서 여러 주제들이 다루어지는데, 그 중의 하나가 '은행 대출에 대한 태도'이다. 이 주제는 다음의 양태들에 따라 특징지어진다. (1) 전적인 거부 (2) 드물게 인정 (3) 때로 유용 (4) 자주 사용 (5) 일반적 사용. 그때부터 각각의 면접은 적당해 보이는 양태를 코드화하면서 각 주제들에 관해 위치할(진단할) 것이다. 이러한 코드화 유형은 코드자의 해석에 비교적 중요한 부분을 차지한다.

이처럼 동일한 표와 관련해서 면접 각각을 위치시키는 것은 기술적 통계 처리들(백분율, 요인 분석을 통한 상관 관계 연구)을 고려하게 한다. 그러나 어쨌든, 이러한 처리들은 수십 개의 면접 자료체를 필요로 한다.

결과 토의

주제 분석은 여러 유형의 해석을 실행한다. 예를 들어 우리는 주제를 선택하고, 자료체 중에서 그것의 변이를 찾아내며, 그 변이를 설명하는 요소들을 찾을 수 있다. (예를 들어 불균등한 분배는 유산의 규모와 세대간의 이동과 연관되는가?)

이상적이고 재구성되며 비현실적인 유형이 주제나 차원의 수직적이고도 수평적인 종합에서 비롯되는 한에서, 주제 분석은 또한 면접 분석과 같은 이유로 유형학을 만들어 낼 수 있다. 유형은 사실 독창적이 아니라(그것은 개인이 아니다) 수직적인 (그것은 추론의 유형이다) 일관성의 원칙을 강조하는 데서 유래한다. 그러므로 그것은 구체적인 개인들을 모을 수 있다. 그 유형은 최대한 주제들을 통합할 것이고('유산' 자료체의 경우에는 상속의 병합 정도, 가족의 분배 방식, 상속의 정체성의 가치), 이 유형 속에 수집된 사례들은 상속 재산과 그것의 양도에 관련한 최대한의 일의적인 정의를 제시할 것이다.

다음 페이지에 소개되는 내용 분석은 주제적 분해가 아니라 담화의 통사적이고 의미적인 구조에 근거한 코드화와 분해 방식을 통해 실행된다.

담화 명제 분석(APD)

주제 분석과는 달리 **APD**는 담화의 체계적 코드화와 분해에 기초한다. 그것은 분석의 의미적 단위를 규정하고 어떤 범주화도 **선험적으로** 제안하지 않는다. 그것은 코드화의 작용에서 최소한의 해석을 요구한다. **APD**의 원칙들을 간략하게 언급하겠다.(Ghiglione & Blanchet, 1991)

— 모든 텍스트는 명제들의 총체로 구성된 것으로 여겨지고

그 명제들 각각은 분석의 의미적 단위를 나타낸다.

— 모든 명제는 논항과 술어를 결합하면서 그것의 의미 기능을 실현한다. 다음의 다섯 명제가 있다고 하자.

1. 바다는 푸르다.

2. 장은 스파게티를 먹는다.

3. 장은 주방에서 스파게티를 먹는다.

4. 왜냐하면 그는 배가 고프기 때문이다.

5. 그는 자신이 정말로 이탈리아에 있다고 생각한다.

명제 1은 논항 '바다'와 술어 '푸르다'를 결합한다. 이러한 결합은 동사를 이용해서 어휘들 사이를 연결하게, 다시 말해 대상에 속성을 부여하게 한다. 2의 예에서 명제는 **행동자** '장'과 **피행동자** '스파게티' 사이에 사실성의 관계를 둔다. 3의 예에서 명제는 '주방'이라는 **상황사** 대상과의 관계를 설립한다. 4의 예에서 명제는 **연결사** '왜냐하면'을 통해 앞의 명제와 연결된다. 5의 예에서 명제는 진술성 관계를(그는 생각한다) 부여하고 **양태사**(정말로)를 포함한다. 이처럼 담화는 대상들 사이를 연결하거나 그것들에 속성을 부여하는 명제들의 연속을 통해 세계를 기술한다.

APD는 다음의 두 방법을 통해 이러한 명제 구조를 기술하고자 한다.

— 텍스트의 명제를 더 추상적인 단위로 축약, 추론적 모형.

— 명제들의 연속과 무관하게 세계의 대상 및 그것의 속성의 구조를 설명하는 텍스트의 비선조화.

요컨대 **APD**는 인지심리학과 의미론의 현실적인 자료들의 동의하에 모든 담화가 세계의 다양한 대상들에 구조를 부과하는, 다시 말해 그 대상들 사이를 연결하는 지시적 세계를 구성함을 전제한다. **APD**는 담화가 대상들 사이에 설립하는 관계들을 중시하면서 그 세계의 이미지를 재구성하는 것을 목표로 한다.

— 대상들은 지시 대상들을 통해 나타나고, 담화의 주요 대상들은 핵심 지시 대상, **RN**이라 불린다.

— 관계들은 동사를 통해 나타난다. 대상들 사이의 관계의 유형들은 술어적 분류를 통해 정의된다(예를 들어 사실 동사, 상태 동사, 진술 동사: F, S, D).

결과 생산[29]

그래서 분석 과정은 다음처럼 연속적으로 이루어진다.

— 텍스트를 명제로 분해한다.

— 그 텍스트의 핵심 지시 대상들(RN)을 정의한다.

— 각 명제에 있어서 대응하는 논증적 모델을 작성한다. 경우에 따라서는 행동자 **RN**이 있는 연결사 유형, 혹은 만약 명제의 행동자가 지시된 **RN**에 대응하지 않는다면, 잠재적인 양태사가 오거나 동사 유형(F, S, D)이 오거나 피행동자 **RN**이 오는 X, 혹은 만약 명제의 피행동자가 지시된 **RN**에 대응하지 않고 경

---

29) Léger와 Florand(1985)에서 동일한 자료체에 대해 **ARO**와 **APD** 방식의 비교 사용을 아주 완벽하게 보여준다.

우에 따라 상황사가 오는 Y.

— 다음의 영역을 규정하는 7개의 란으로 구성되는 '데이터 베이스'[30] 유형의 색인 카드를 구성한다. 명제 번호 · 연결사 · 행동자 · 양태사 · 술어 · 피행동자 · 상황사.

— 공동 출현 빈도수와 고려된 다양한 요소들의 연결율(예를 들어 행동자와 피행동자 RN)을 계산할 수 있도록 칸들 사이의 교차 분류를 한다.

— 강조된 실질적인 관계들을 분석한다.

— 1명 혹은 여러 명의 화자들이 담화에서 만든 '지시 세계의 이미지'를 부여하기 위해 연결 그래프를 경우에 따라 만든다.

분석 과정의 이러한 다양한 단계들은 앞서 제시된 예를 이용해 증명될 것이다.

피면접인: "그것은 두 번에 걸쳐 진행되었습니다. 즉 나의 부모님은 토지와 집 한 채를 소유하고 있었습니다. 그리고 아버지가 돌아가셨을 때 어머니는 우선 토지를 팔았습니다. 왜냐하면 그녀는 그것을 지킬 마음이 없었기 때문입니다. 그것을 활용해야만 했고, 상속세를 내야만 했고, 그것이 가지고 있던 모든 것, 그 위에 있던 모든 것, 그것은 모든 설비를 갖춘 토지였습니다……. 그래서 어머니는 그것을 팔기로 결정했습니다. 그래서 그것을 아버지가 돌아가셨을 때 팔았습니다. 우리는 형제가 둘

---

30) 정보화된 데이터 베이스는 이중 분할표(줄과 칸)의 형태로 자료들을 저장하고, 이 자료들에 관한 조작(수평 분류 · 교차 분류 · 계산 등)을 자동적으로 실행하게 한다.

이였는데 그것이 큰 문제를 일으키지는 않았습니다……. 그 이후에, 토지를 판 이후에 어머니는 집에 살고 있었습니다. 그리고 거기 역시 수리가 필요하다는 것을 알았지만 어머니는 결정할 수 없었고…… 우리는 어머니에게 집을 팔거나 세를 놓고 다른 집을 사서 다른 곳에서 다시 시작하라고 했습니다. 그것은 어머니에게 상관없으셨고 그래서 집을 파셨습니다……. 그 이후에…… 그래서 우리는 거의 2년 간격으로 토지와 집을 상속받았습니다……. 또 무엇을 알고 싶으세요……. 다른 질문은?"

• **명제의 분해**

1. 그것 [상속]은 두 번에 걸쳐 진행되었다.

2. 즉 나의 부모님은 토지와 집 한 채를 소유하고 있었다.

3. 그리고 아버지가 돌아가셨을 때 어머니는 우선 토지를 팔았다.

4. 그녀는 그것 [토지]을 지킬 마음이 없었다.

5. 그것 [토지]을 활용해야만 했다.

6. 상속세를 내야만 했다.

7. 그것 [토지]이 가지고 있던 모든 것 [에 비용이 들었다].

8. [토지] 위에 있던 모든 것 [에 비용이 들었다].

9. 그것은 모든 설비를 갖춘 토지였다.

10. 그래서 그녀 [어머니]는 그것을 팔기로 결정했다.

11. 그래서 그것 [토지]을 아버지가 돌아가셨을 때 팔았다.

12. 우리는 둘이였다.

13. 그것 [매각]이 큰 문제를 일으키지는 않았다.

14. 그 이후에, 토지를 판 이후에 어머니는 집에 살고 있었다.

15. 그리고 거기 역시 [집] 수리가 필요하다는 것을 알았다.

16. 그녀는 결정할 수 없었고……

17. 우리는 그녀에게 그것 [집]을 팔라고 했다.

18. 혹은 [우리는 그녀에게] 그것 [집]을 세놓으라고 했다.

19. 그리고 [우리는 그녀에게] 다른 집을 사라고 했다.

20. [우리는 그녀에게] 다른 곳에서 다시 시작하라고 했다.

21. 그것은 그녀 [어머니]에게 상관없었다.

22. 그래서 그녀는 집을 팔았다.

23. 그 이후에 그래서 우리는 거의 2년 간격으로 토지와 집을 상속받았다.

• 논증적 모델의 코드화

우리는 이 23개의 명제들을 다음의 코드에 따라 형식화할 것이다.

핵심 지시 대상:

H = 유산

M = 어머니

P = 부모, 아버지

T = 토지

V = 매각

m＝집

h＝상속자들

R̶＝아버지의 사망

X＝지시되지 않은 행동자

Y＝지시되지 않은 피행동자

Z＝지시되지 않은 상황사

다른 기호들:

＋＝부가

⇒＝원인

：＝설명

→＝시간

！＝의무(해야만 한다!)

F＝사실

S＝상태

D＝진술

ø＝빈 요소

⁻가 있는 모든 기호는 부정적 가치를 지닌다.

(우리는 다음 페이지에 있는 도표를 참조할 것이다.)

명제	연결사	행동자	양태사	술어	피행동자	상황사	텍스트
1	ø	H	ø	F	Y	Z	그것 [상속]은 두 번에 걸쳐 진행되었다.
2	:	P	ø	S	M	ø	즉 나의 부모님은 토지와 집 한 채를 소유하고 있었다.
3	⇒	M	→	F	T	R̶	그리고 아버지가 돌아가셨을 때 어머니는 우선 토지를 팔았다.
4	⇒	T	ø	D̄	M	ø	그녀는 그것 [토지]을 지킬 마음이 없었다.
5	ø	X	!	F	T	ø	그것 [토지]을 활용해야만 했다.
6	ø	X	!	F	T	ø	상속세를 내야만 했다.
7	ø	X	!	F	Y	T	그것 [토지]이 가지고 있던 모든 것 [에 비용이 들었다].
8	ø	X	!	F	Y	T	[토지] 위에 있던 모든 것 [에 비용이 들었다].
9	ø	T	ø	S	Y	Z	그것은 모든 설비를 갖춘 토지였다.
10	⇒	M	ø	D	Y	ø	그래서 그녀 [어머니]는 그것을 팔기로 결정했다.
11	⇒	h	ø	F	T	R̶	그래서 그것 [토지]을 아버지가 돌아가셨을 때 팔았다.
12	ø	h	ø	S	Y	ø	우리는 둘이였다.
13	ø	V	ø	S̄	Y	ø	그것 [매각]이 큰 문제를 일으키지는 않았다.
14	→/⇒	M	ø	S	m	T	그 이후, 토지를 판 이후에 어머니는 집에 살고 있었다.
15	+	X	!	S	Y	ø	그리고 거기 역시 [집] 수리가 필요하다는 것을 알았다.
16(미완성)							그녀는 결정할 수 없었고…….
17	ø	h	ø	D	M	m	우리는 그녀에게 그것 [집]을 팔라고 했다.
18	ø	h	ø	D	M	m	혹은 [우리는 그녀에게] 그것 [집]을 세놓으라고 했다.
19	ø	h	ø	D	M	m	그리고 [우리는 그녀에게] 다른 집을 사라고 했다.
20	ø	h	ø	D	M	m	[우리는 그녀에게] 다른 곳에서 다시 시작하라고 했다.
21	ø	17-20	ø	D̄	M	ø	그것은 그녀 [어머니]에게 상관없었다.
22	⇒	M	ø	F	m	ø	그래서 그녀는 집을 팔았다.
23	→/⇒	h	ø	F	T/m	Z	그 이후에 그래서 우리는 거의 2년 간격으로 토지와 집을 상속받았다.

• 행동자/피행동자 공동 출현

행동자	피행동자		
	토지(T)	집(m)	어머니(M)
상속자들	2(0)	(−0.5)	4(+0.4)
어머니	1(+0.1)	2(+1.2)	0(−1)

이 도표는 행동자인 '상속자들'이

　　　　　　　　　피행동자　　　'어머니'와 4번

　　　　　　　　　　　　　　　　'집'과 1번

　　　　　　　　　　　　　　　　'토지'와 2번

　　　　행동자인 '어머니'가

　　　　　　　　　피행동자　　　'토지'와 1번

　　　　　　　　　　　　　　　　'집'과 2번

나타남을 의미한다.

　괄호 안의 숫자는 도표의 여러 요소들 사이의 연결율[31]이다 (그 숫자는 Rouanet, Le Roux & Bert의 저서에서 설명된다, 1987). 그 숫자들은 통계 프로그램을 이용해서 계산된다.

결과 토의

　이 예에서 우리는 '상속인들'이 '어머니'와 우세한 관계에 있

---

31) 연결율은 두 핵심 지시 대상 사이의 연결 가치를 나타낸다. 이 연결율은 이론적 수로 나눈 것으로, 해당 칸의 이론적 수와 관찰된 수 사이의 차이를 표현한다.

는 반면 '어머니'는 화자를 통해 '집'과 '토지'에 우세한 관계를 맺고 있다는 것을 볼 수 있다. 그러나 관계 유형은 첫번째 경우에는 우선적으로 진술적 영역('상속인들' / '어머니')에 속하고, 두번째 경우에는 사실적 영역('어머니' / '집')에 속한다.

APD의 방식은 상속인과 어머니가 공통적인 피행동 대상을 가지지 않았음을 밝혀 준다. 그들은 각자 특별한 역할을 통해 특징지어진 별개의 두 세계를 구성한다.

— 결정과 행동을 하는 어머니는 확인된 세계에 포함된다.

— 상상과 진술에 속해 있는 상속인들은 가능 세계에 포함된다.

게다가 우리는 연결사의 사용에 대해 어머니가 행동자인 모든 명제에는 원인 연결사가 나타남을 주목할 것이다. 그것은 어머니가 속해 있는 확인된 세계는 또한 이성의 세계이고 사물의 논리 세계임을 나타낸다. 결국 '해야만 한다' 같은 의무 양태사의 빈번한 사용은 담화의 그 부분에서 재산(토지)이 팔리지 않았을 경우 그것을 보존하는 것과 관련된 의무와 도덕의 부담을 표현한다.

APD는 명제들 안에서 대상들의 관계를 드러내는 분석 기법이다. 그것은 담화들의 의미론적 구조를 드러내는 것을 목표로 한다. 예를 들어 심리 치료 중의 치료사와 환자의 담화들을 비교 분석함으로써(Blanchet 외, 1992) 동일한 대상에 관한 그 담화들이 상이한 의미 구조를 가지고 있음을 알 수 있었다. 치료사의 담화는 환자의 담화를 일반화하면서 중심을 잡아 주는 것처럼 나타났다. 그러므로 **APD** 방식에서는 담화가 화자들의 세계를 구성하는 지표들로 고려된다.

다음 페이지에서 거론되는 '대립 관계'라 불리는 내용 분석은 대상들의 관계나 속성을 부여하는 것에 관련된 것이 아니라 의미 작용 사이의 대립 체계를 목표로 한다.

대립 관계 분석(ARO)

이야기의 구조적 분석에 영향을 받은 **ARO**는 **H.** 레이몽(1968)에 의해 상세하게 설명되었고 빌라 주민들에 대한 조사의 자료체(**Raymond, Haumont,** 1966)에서 처음으로 적용되었는데, 그 이름에서 나타나듯이 다음과 같은 이중 가설에 기초하고 있다. 실질적 체계의 요소들과 상징적 체계의 요소들 사이의 대응(**관계**)이 존재하고, 이러한 대응을 상징적 기능을 구성하는 **대립**으로 구조화한다. 따라서 이 방식은 파롤에서 상징들의 지속적인 현동화라는 기본적인 성격을 확인한다.(**Raymond,** 1968, p.178)

빌라 주민들에 대한 연구의 목표는, 우리가 봤던 것처럼, 빌라와 이데올로기 사이의 대응을 정의하는 것이었다. 두 종류의 항들 **ABCD**⋯⋯(공간적 체계를 나타내는)와 **abcd**⋯⋯(상징적 체계를 나타내는)를 얻기 위하여 한편으로 주거의 물질적이고 공간적인 체계, 다른 한편으로 상징적인 체계를 연관시키는 방식은 면접의 텍스트 자체가 $\frac{A|c}{B|d}$ 유형의 도식을 나타내는 만큼 더욱더 타당한 것으로 드러났다. 그 도식에서 **A**와 **B**는 공간적

요소들(예를 들어 '주방'과 '식당')을 나타내고, c와 d는 상징적 요소들('사적인'과 '공공의')을 나타내며, Ac쌍과 Bd쌍은 항끼리 대립된다. 그래서 대립(각 항들의 쌍들 사이의) 관계(공간적 종류와 상징적 종류)의 원칙이 나온다.

그러므로 한편으로 시니피앙(우리가 말하는 대상)과 다른 한편으로 시니피에(이 대상들에 관해 말해진 것) 사이의 의미 작용 관계를 알아내고자 하는 이 방식은, 시니피앙과 그 시니피에가 항끼리 대립하는 것처럼, 구조주의적 접근과 레비 스트로스가 조명한 대립쌍들(날것과 익힌 것, 꿀과 재 등)——그것들 자체가 대립되는 상징적 세계들을 참조한다——에 직접적으로 영향을 받았다.

ARO는 빌라 주민들 이후 공간의 사회적 관계들을 분석하는 많은 조사에서 사용되었다. 예를 들어 주거 방식 및 집단 주택 사용에 관한 종합 평가와, 같은 시기 동안 사회복지 주택에서 시행된 건축 개혁 정책의 평가에 관한 조사인 《최근의 유명한 주거》(Léger, 1990)가 있다. 또한 알제리 도시 공간에서의 주거 방식 및 지역의 성적인 분할(특히 여인들의 세계인 가정 공간과 남자들의 세계인 공공 공간 사이의 대립)과, 독립 이후 알제리 사회에서 시작된 변화 과정에 연관된 그것의 변화를 분석하는 《틀렘센에서 공간과 공간 사용》(Bekkar, 1991)에 관한 조사가 있다. 그 방식은 또한 유산 사용이나 정서의 세계(Léger, Florand, 1985)와 같은 다양한 영역에서 적용된다. 그것의 적용 영역은 대립되는 담화의 구조화가 언어 생산의 기초라는 범위 내에서 확대된다.

결과 생산

첫 단계는 발화문을 나누는 데 있다. 이것을 위해 우리는 다음과 같은 두 방식을 행할 수 있다. 하나는 주제적 어휘를 구성하고 빌라 공간들의 종류(주방·식당·정원·앞쪽·뒤쪽 등)와 같은 쉽게 측정할 수 있는 종류를 출발점으로 생각하는 것이다. 나머지는 시니피앙(공간·사용 등)과 시니피에(공간이나 사용이 의미하는 것) 사이의 의미 작용 관계를 직접적으로——경우에 따라서는 대립을 사용할 수도 있다——알아보는 것이다.

우리는 피면접인(상속녀)이 유산으로 받은 돈을 어떻게 사용했는지를 설명해 주는 다음의 텍스트를 분석할 것이다.

"— 당신은 그 선물로 무엇을 했습니까?

— 무엇을 했냐구요? 우리는 재투자했어요. 저는 어쨌든 그것을 낭비할 권리가 없다고 생각했어요……. 그래서 우리는 낡은 별장을 구입해서 남편이 정비했어요. 우리는 그렇게 했어요. 나의 오빠는 상점을 가지고 있었고 전액을 다른 곳에 투자했었습니다. 우리에게 그것은 집이었습니다. 우리는 다른 것을 할 수도 있었을 거예요. 자동차나 가구들을 구입할 수도 있었을 거예요. 그러나 결국 내가 생각한 것은 그런 것이 아니었어요. 나는 변하지 않는 뭔가를 보존하고 싶었어요. 그것이 이익을 남기기를, 우리에게 도움이 되기를 바랐습니다. 가구와 자동차는 오래 지속되지 않습니다. 우리는 우리를 위해 오래 지

속되고 도움되는 것을 위해 투자해야만 했어요.”

텍스트를 따라가다 보면 첫번째 만나는 시니피앙은 “우리는 재투자했어요”이고 그 다음은 시니피에 ‘낭비하다’인데, 후자는 시니피앙 ‘재투자하다’가 아니라 아직 발화되지 않은 시니피앙에 관계된다. 이어서 우리는 ‘재투자하다’의 사실을 설명하고 증명하는 “우리는 낡은 별장을 구입했습니다”라는 발화문을 발견한다. 이 단계에서 처음으로 시니피앙과 시니피에 사이의 대립이 시작되고 시니피앙을 처음으로 설명한다. 규칙대로 왼쪽에 시니피앙을, 오른쪽에 시니피에를 배치한다면 다음처럼 쓸 수 있다.

A	우리는 재투자했다	c
B	?	낭비하다 d

혹은 더 완벽하게는 ‘재투자하다’의 설명을 다음과 같이 쓸 수 있다. 그것을 중개 시니피앙이라고 부르는데, 왜냐하면 시니피앙과 시니피에 사이에 있고, 어느 정도는 의미 작용 관계의 설명적이고 예증적인 추론을 구성하기 때문이다. 그래서 두 개가 아니라 세 개 항의 대립이 다음과 같이 나타난다.

시니피앙	중개 시니피앙	시니피에
A 우리는 재투자했다	우리는 낡은 별장을 구입했다	? c
B ?	?	낭비하다 d

계속해서 읽으면 남매 사이의 새로운 대립이 나타난다. 그러나 그것은 시니피앙이나 우리가 관심을 갖는 유산 소유 행동이

아니라 행위자들에 관련되어 있다. 그래서 그 경우에 연구의 목표에 관련하여 그것은 잘못된 대립이다. 그것은 단지 시니피앙 '투자하다'의 변이형만을 도입한다. 그래서 이어지는 텍스트는 재투자하다에 대립되는 시니피앙, 즉 '다른 것을 하다'를 제시하고, 그 시니피앙은 중개 시니피앙 '자동차와 가구들을 구입하다'를 통해 설명된다. 그래서 우리는 다음처럼 대립을 보완할 수 있다.

A 우리는 재투자했다	우리는 낡은 별장을 구입했다.	?	c
B 다른 것을 하다	자동차와 가구를 구입하다.	낭비하다	d

바로 이 발화문의 끝에서 첫번째 시니피에 '이익을 내다'를 발견한다. 그래서 대립은 다음처럼 될 수 있다.

A 우리는 재투자했다	우리는 낡은 별장을 구입했다.	이익을 내다	c
B 다른 것을 하다	자동차와 가구를 구입하다.	낭비하다	d

또한 경제적 세계가 아니라 시간성의 세계에 관계되는 시니피에들로 첫번째 대립과 유사한 또 다른 대립을 구성할 수 있다.

A 우리는 재투자했다	우리는 낡은 별장을 구입했다.	오래 지속되는 도움되는 것을 하다.
B 다른 것을 하다	자동차와 가구를 구입하다.	그것은 오래 지속되지 않는다.

그래서 이러한 첫번째 단계는 발화문들을 c를 향한 A, 혹은 B에 대립되는 A, 혹은 A에서 c로, 혹은 B에 대립되는 A 도식에 따라 배열한 반면, 발화 행위 중에 A, B, c, d는 무질서하게 나타난다. 달리 표현하자면 문제는 초안으로 구성된 파롤의 흐름을 해체하는 것으로, 이것의 요소들은 나타났다 좀더 뒤에 다시 나타나며 서로를 이용해 '말뛰기' 놀이를 하고 있다.(Bardin, 1991, p.97)

이러한 분해 작업은 비교적 짧고 집약된 발화문에서 행해질 수 있었다. 그러나 대립 관계를 보완하기 위해 여러 페이지에 걸쳐 나타나는 발화문들을 고려해야만 한다. 첫번째 요소들을 확인한 독자는 대응하는 요소들을 기대하면서 계속해서 읽어나간다. 우리가 이런 유형의 방식을 적용해야만 하는 것을 알게 되었으므로, 유사한 과정이 면접 행위에서 시행된다는 것을 주목해야만 한다. 사실 면접인은 되받기 위해 첫번째 발화문에서 나타나는 관계의 요소들을 이용하고 이렇게 해서 보충적 요소들을 획득할 수 있을 것이다.

실제적으로 이러한 분해 작업은 초대 목록이나 정보 은행에서 실행되는데, 조작하고 분류할 수 있도록 다음의 정보들을 윗부분에 기록해 놓아야만 한다.

— 면접 n°와 발화문을 뽑아낸 페이지 n°.

— 색인 카드 순서 n°.

— 시니피앙의 제목.

이러한 정보와 분해된 발화문 외에도 색인 카드는 또한 요약된 발화문을 포함할 수 있다. 요약은 카드의 차후 분류와 취급을 용이하게 하는 중심어 선택 작업이다. 발화문의 요약은 다음과 같을 것이다.

A 재투자	별장 구입	지속
B 다른 것	자동차, 가구 구입	지속 안함

여기 카드 모형이 있다.

면접 nº 4 p.8 카드 nº 52	유산 총액	재투자하기
		다른 것 하기
우리는 재투자했다	우리는 낡은 별장을 구입했다	오래 지속되는 도움되는 것을 하다
다른 것 하기	자동차와 가구 구입하기	그것은 오래 지속되지 않는다
재투자	별장 구입	지속
다른 것	자동차, 가구 구입	지속 안함

ARO가 요구한 의미적 분해 방식은 전혀 기계적이지 않다. 반대로 그것은 텍스트의 아주 분석적인 읽기를 내포한다. 이러한 이유로 그것은 특히 처음에 다소 시간이 걸릴 수 있지만 바로 '성과를 볼 수' 있을 것이다. 만약 차후에 카드의 읽기가 어떤 실망을 줄 수 있다고 해도(카드는 텍스트와 그 복합성의 흔적 이외는 아무것도 말하지 않는다), 그것은 자료체 전체의 대단히 효과적인 종합적 읽기를 가능하게 한다.

결과 토의

면접의 분해는 수십 개의 카드를, 자료체의 분해는 수백 개의 카드를 필요로 할 수 있다. 이러한 카드는 명백한 어휘적 속성을 지니고 있고, 마치 카드 놀이처럼 시니피앙(목록을 만들 수 있다)에 따라 혹은 시니피에(의미축을 규정할 수 있다)에 따라 다양한 분류를 거칠 수 있다.

이처럼 앞의 예에서 우리는 이런 유형의 분석을 통해 피면접인이 두 개의 지시 체계 세계――즉 한편으로 낭비와 순간성의 세계, 또 한편으로 이익과 지속의 세계――에 포함된 두 행위를 대립시킨다는 것을 추론할 수 있다. 특히 그 주체가 취한 입장이 어떠하든간에 ARO는 피면접인이 자신의 계획을 설립하는 데 근거로 삼은 이념적 구조를 알려 준다. 만약 이러한 대립이 모든 자료체에서 반복된다면, 우리는 상속받은 재산의 소유화에서 실행되는 이데올로기의 조직에 관한 일반적 결론을 이끌어 낼 수 있다.

ARO 방식은 겉으로 드러난 무질서 뒤에 감춰진 질서와 체계 그리고 수많은 개별적 변이 뒤에 있는 현상들의 구조 등을 발견하기 위한 구조적 논리와 그것의 노력 속에 포함된다. ARO은 지시 체계의 세계 속에서 개인의 이동을 확인하고자 애쓰는 대신 공통 세계의 부분, 순간성, 상투성을 파악하고자 애쓴다.

이러한 방식이 적용될 수 있기 위해서는 앞에서 언급된 전제 조건들, 다시 말해 실질적 요소와 상징적 요소 사이의 안정적이고 확고하며 언어화될 수 있는 관계가 있어야만 한다. 이 방식은 이중 영역——하나는 자연적이고 실제적인 삶에서, 다른 하나는 상징적인 삶에서 차용해 온——에 따라 파롤을 발화할 수 있는 연구 주체들을 내포한다.

결 론

이 책의 끝에서, 면접은 그 동기와 기제를 묘사할 수 있는 방식처럼 나타난다. 우리는 면접인이 단지 자신의 '사적인 생각'을 얘기하는 피면접인 옆에서 담화를 채취할 뿐이라고 생각했었다. 그것은 사실이 아니다. 면접인은 피면접인에게 영향을 미친다. 우리는 또한 이러한 영향이 담화를 전부 만들어 낸다고, 그러므로 효력이 없다고 생각했었다. 사실 면접을 통해 생산된 모든 담화는 의사소통의 목적 및 대화에서 실행되는 상호 작용에 따라, 대화의 파트너들에 의해 공동으로 구성된다.

기본적인 편차의 인정은 방법이 무효하다는 것을 나타내는 것이 아니라 반대로 이 방법이 과학적 위상을 가지기 위한 필수적인 조건이다. 방법은 그것이 사실에 부과한 불균형을 통제함으로써 명확하게 특징지어진다.

이처럼 그 결과가 타당하고 면접 조사가 현상들에 대한 해명, 설명, 객관화의 기능을 다하기 위해서, 다음의 원칙들을 필요로 한다.

— 조사 기법이 논의된 질문 및 채택된 문제 제기와 일치하느냐에 관한 성찰.

— 연구된 자료들에 맞춘 조사 프로토콜의 준비.

　— 면접 상황에 영향을 미치는 다양한 변수들의 통제.

　— 목표와 가설에 따라 개입과 청취의 선별적 방향 결정.

　— 과정 전체와 일관되게 담화 분석.

　바로 이러한 조건들에서만이 오랫동안 직관적인 접근 방식으로 여겨진 면접법이 인문과학 분야에서 믿을 만한 조사 방법이 될 수 있다.

참고 문헌

1. 참고 저서

BARDIN L., *L'analyse de contenu*, Paris, PUF, 1991. 다양한 내용 분석 방법론: 역사, 이론적 전제, 적용 조건. 내용 분석 방법론의 한계와 가능성을 알 수 있다.

BLANCHET A., *Dire et faire dire: l'entretien*, Paris, A. Colin, 1991. 면접에서 논의되는 대화 기제와 영향 효과. 면접의 역동성을 깊이 연구하고 면접인의 행위를 분석할 수 있다.

BLANCHET A. *et al.*, *L'entretien dans les sciences sociales*, Paris, Dunod, 1985. 면접의 역사, 실제 분석, 지식의 위상, 임상 접근 및 내용 분석. 면접 사용에서 작용하는 다양한 심리적이고 사회적인 차원을 이해할 수 있다.

GHIGLIONE R., MATALON B., *Les enquêtes sociologiques. Théories et pratiques*, Paris, A. Colin, 1978. 면접과 질문지 조사의 자료들의 생산, 분석 및 해석. 다양한 조사 기법들과 그 각각의 사용에 대한 총체적 개요를 제공한다.

GHIGLIONE R., BLANCHET A., *Analyse de contenu et contenus d'analyses*, Paris, Dunod, 1991. 담화의 명제 분석: 역사, 이론 및 적용. 이론적 근거와 APD 방식의 적용 사례들을 찾을 수 있다.

〈Histoires de vie et vie sociale〉, *Cahiers internationaux de sociologie*, LXIX, 1980. 역사와 생활 이야기: 정의, 유효 조건, 적용 분야. 사회과학에서 생애사들을 재현하고 그 방식에 관한 다양한 관

점을 발견할 수 있다.

LECLERC G., *L'observation de l'homme, une histoire des enquêtes sociales*, Paris, Seuil, 1979. 사회 조사의 역사와 인간의 관찰 방식의 비평적 분석. 서양 역사에서 조사의 주요한 기원 및 변화, 그것의 다양한 사회적이고 정치적인 관련을 알 수 있다.

QUIVY R., VAN CAMPENHOUDT L., *Manuel de recherches en sciences sociales*, Paris, Dunod, 1988. 문제 제기 · 가설의 형식화 및 조사의 구성에 관련된 문제들. 연구 과정의 다양한 단계들에 대해 알 수 있다.

RAYMOND H., *Une méthode de dépouillement et d'analyse de contenus appliquée aux entretiens non directifs*, Paris, Institut de sociologie urbaine, 1968. ARO 방식의 역사, 이론 및 적용. ARO 방식의 이론적 근거와 적용 사례들을 알 수 있다.

2. 보충 문헌

이 보충 문헌은 텍스트에서 인용된 저서와 논문들을 포함한다. 다음처럼 분류한다.
• 면접 조사에 관한 방법론적 설명문.
• 고찰을 뒷받침해 주는 사회학과 심리학 텍스트.
• 면접 조사를 사용한 연구 보고서.

ADORNO T. W., FRENKEL-BRUNSWIK E., LEVINSON D. J., SANFORD R. J., *The Authoritarian Personality*, New York, Harper and Brothers, 1950, cité dans Michelat(1975, p.230).

AUGÉ M., *Domaines et Châteaux*, Paris, Seuil, 1989.

BARDIN L., *L'analyse de contenu*, Paris, PUF, (1977) 1991.

BATTAGLIOLA F., BERTAUX-WIAME I., FERRAND M., IMBERT F., *Dire sa vie; entre travail et famille — la construction sociale des trajectoires*, Paris, CSU, 1991.

BECKER H. S., Outsiders. *Études de sociologie de la déviance*, (1963) Paris, A-M. Métailié, 1985 pour la traduction française.

BEKKAR R., *Espaces et pratiques de l'espace à Tlemcen. Un cas de développement séparé?*, Thèse de doctorat, Paris X-Nanterre, 1991.

BERTAUX D., 〈L'approche biographique. Sa validité méthodologique, ses potentialités〉, *Cahiers Internationaux de Sociologie*, LXIX, 1980, pp.197-227.

BERTAUX D., BERTAUX-WIAME I., 〈Le patrimoine et sa lignée: transmissions et mobilité sociale sur cinq générations〉, *Life stories/ Récits de vie*, 4, 1988, pp.8-27.

BÉZILLE H., 〈Les interviewés parlent〉, in: Blanchet A. et al., *L'entretien dans les sciences sociales*, Paris, Dunod, 1985, pp.117-142.

BLANCHET A. et al., *L'entretien dans les sciences sociales*, Paris, Dunod, 1985.

BLANCHET A., *Dire et faire dire: l'entretien*, Paris, A. Colin, 1991.

BLANCHET A., BROMBERG M., URDAPILLETA I., 〈L'influence non directive〉, *Psychologie Française*, 1991, 35-3, pp.217-226.

BLANCHET G., BLANCHET A., 〈Interactional Effects of the Environment on the Interview〉, *European Journal of Psychology of Education*, 1994, IX, 1, pp.41-53.

BLANCHET A., COCCHI P., DOUKHI F., NATHAN T., 〈Interaction thérapeute et patient dans une thérapie ethnopsychanalytique〉, *Psychologie Française*, 1991, 36-4, pp.323-330.

BOLTANSKI L., *Les cadres—la formation d'un groupe social*, Paris, Éditions de Minuit, 1982.

BOURDIEU P., *Le sens pratique*, Paris, Éditions de Minuit, 1980.

BOURDIEU P., CHAMBOREDON J. C., PASSERON J. C., *Le métier de sociologue*, Paris, Mouton/Bordas, 1968.

BOZON M., ⟨Sociologie du rituel du mariage⟩, *Population*, 1992/2, pp.409-434.

BOZON M., HÉRAN F., ⟨La découverte du conjoint⟩, *Population*, 1987/6, pp.943-986; et *Population*, 1988/1, pp.121-150.

DONNET J. L., et GREEN A., *L'enfant de ça*, Paris, Éditions de Minuit, 1973.

DURKHEIM E. (1897) *Le suicide*, rééd. Paris, PUF, 1990.

DURKHEIM E. (1901) *Les règles de la méthode sociologique*, rééd. Paris, PUF, 1990.

FRÉMONTIER J., *La vie en bleu. Voyage en culture ouvrière*, Paris, Fayard, 1980.

GHIGLIONE R., MATALON B, *Les enquêtes sociologiques. Théories et pratique*, Paris, A. Colin, 1978.

GHIGLIONE R., BLANCHET A., *Analyse de contenu et contenus d'analyses*, Paris, Dunod, 1991.

GIAMI A., ⟨L'entretien de groupe⟩, In: Blanchet A. et al., *L'entretien dans les Sciences sociales*, Paris: Dunod, 1985, pp.221-232.

GOFFMAN E., *La mise en scène de la vie quotidienne*, Paris, Éditions de Minuit, (1973 pour la traduction française), tome 1. *La présentation de soi*.

GORDEN R. L., *Interviewing. Strategies, techniques and tactics*, Homewood, The Dorset Press, 1969.

GOTMAN A., *Hériter*, Paris, PUF, 1988.

GOTMAN A. et BERTAUX-WIAME I., *L'accession à la propriété dans le parc social*, Paris, Plan Construction et Architecture-IPRAUS-Travail et Mobilités, 1991.

GRAFMEYER Y., *Habiter Lyon. Milieux et quartiers du centre-ville*, Lyon, CNRS-Presses Universitaires de Lyon, 1991.

GRAFMEYER Y., JOSEPH I., *L'École de Chicago. Naissance de l'écologie urbaine*(choix de textes traduits et présentés), Paris, Éditions du Champ Urbain, 1979.

HANNERZ U., *Explorer la ville*, (traduit et présenté par I. Joseph), Paris, éd. de Minuit, 1983, pour la traduction française.

HERZLICH C., *Santé et maladie. Analyse d'une représentation sociale*, Paris, Mouton, 1969.

HERZLICH C., PIERRET J., *Malades d'hier et d'aujourd'hui*, Paris, Payot, 1984.

HUGUET M., 〈Réflexion sur 'l'approche clinique' en psychosociologie〉, *Bulletin de Psychologie*, 1976, 322, pp.450-456.

LABOV W., Le parler ordinaire—*La langue dans les ghettos noirs des Etats-Unis*, Paris, Éditions de Minuit, 1978 pour la traduction française.

LABOV W., FANSHEL D., *The Therapeutic Discourse*, New York, Academia Press, 1977.

LAPLANTINE F., 〈Anthropologie des systèmes de représentations de la maladie : de quelques recherches menées dans la France contemporaine réexaminées à la lumière d'une expérience brésilienne〉, in: *Les représentations sociales*, sous la dir. de F. Jodelet, Paris, PUF, 1989, pp.277-298.

LAPLANTINE F., *Anthropologie de la maladie. Étude ethnologique des systèmes de représentations étiologiques et thérapeutiques dans la société occidentale contemporaine*, Paris, Payot, 1986.

LECLERC G., *L'observation de l'homme, une histoire des enquêtes sociales*, Paris, Seuil, 1979.

LÉGER J. M., *Derniers domiciles connus. Enquête sur les nouveaux logements 1970–1990*, Paris, Créaphis, 1990.

LÉGER J. M., FLORAND M. F., 〈L'analyse de contenu: deux méthodes, deux résultats?〉, in: Blanchet A. et al., *L'entretien dans les sciences sociales*, Paris, Dunod, 1985, pp.237–273.

MAUGER G., 〈Enquêter en milieu populaire〉, *Genèses*, 1991, 6, pp.125–143.

MICHELAT G., 〈Sur l'utilisation de l'entretien non directif en sociologie〉, *Revue française de sociologie*, 1975, XVI, pp.229–247.

MILLS C. W., *L'imagination sociologique*, Paris, Maspéro, 1978, pour la traduction française.

MOSCOVICI S., Introduction à Herzlich C., *Santé et maladie. Analyse d'une représentation sociale*, Paris, Mouton, 1969.

NATHAN T., 〈Prolégomènes à une théorie générale des opérateurs thérapeutiques〉, *Nouvelle Revue d'Ethnopsychiatrie*, 1987, 89, pp.7–19.

PINÇON M., PINÇON–CHARLOT M., 〈Pratiques d'enquête dans l'aristocratie et la grande bourgeoisie: distance sociale et conditions spécifiques de l'entretien semi–directif〉, *Genèses*, 1991, 3, pp.120–133.

PORTER E. H., *An Introduction to the therapeutic counseling*, Boston, Houghton Mifflin, 1950.

QUIVY R., VAN CAMPENHOUDT L., *Manuel de recherches en sciences sociales*, Paris, Dunod, 1988.

RABINOW P., *Un ethnologue au Maroc. Réflexions sur une enquête de terrain*, Paris, Hachette, 1988 pour la traduction française.

RAYMOND H., *L'Architecture, les aventures spatiales de la Raison*, Paris, Centre Georges Pompidou, Centre de Création Industrielle, Coll. ⟨Alors⟩, 1984.

RAYMOND H., ⟨Analyes de contenu et entretien non directif: application au symbolisme de l'habitat⟩, *Revue française de sociologie*, IX, 1968, pp.167-179.

RAYMOND H., HAUMONT N., *Les pavillonnaires*, Paris, CRU, 1966.

ROETHLISBERGER F. J., DICKSON D., *Management and the Worker*, Chicago, Cambridge(Massachusetts), Harvard University Press, 1943.

ROGERS C. R., ⟨The Non Directive Method as a Technic for Social Research⟩, *American Journal of Sociology*, 1945, 50-4, pp.279-283.

ROUANET H., LE ROUX B. et BERT M. C., *Statistiques en Sciences Humaines: procédures naturelles*, Paris, Dunod, 1987.

ROUSSEL L., avec la collaboration d'O. Bourguignon, *La famille après le mariage des enfants*, INED, Travaux et Documents, cahier n° 78, 1975.

SCHWARTZ O., *Le monde privé des ouvriers. Hommes et femmes du Nord*, Paris, PUF, 1990.

SÉBILLOTTE S., ⟨Décrire les tâches selon les objectifs des opérateurs. De l'interview à la formalisation⟩, le Travail humain, tome 54, n° 3/ 1991, pp.193-223.

SIMON P. J., *Histoire de la Sociologie*, Paris, PUF, 1991.

SINGLY F. DE, *La famille—l'état des savoirs*, Paris, éd. La Découverte, 1991.

THOMPSON P., ⟨Récits de vie et changement social⟩, *Cahiers internationaux de sociologie*, Vol LXIX, 1980, pp.226-242.

VEYNE P., *Le pain et le cirque. Sociologie historique d'un plura-lisme politique*, Paris, Seuil, 1976.

WEBER M. (1913) *Essai sur quelques catégories de la sociologie compréhensive. Essais sur la théorie de la science*, Paris, Plon, 1965 pour la traduction française.

WIRTH L., Préface à K. Mannheim, *Ideology and Utopia*, London, Routledge and Kegan Paul Ltd, (1936) 1972, pp. XXIII–XXV.

색 인

용어 색인

알랭 블랑셰
파리 VIII대학 심리학 교수(파롤연구회)

안 고트만
국립과학연구소(CNRS)의 사회학 연구 책임자(IRPAUS)

최정아
부산대학교 불어불문학과 박사과정 수료
역서: 《진리의 길》(공역, 동문선)
《잡사와 문학》(동문선)
《초현실주의》(동문선)

현대신서
193

조사와 방법론 - 면접법

초판발행 : 2006년 2월 20일

東文選
제10-64호, 78. 12. 16 등록
110-300 서울 종로구 관훈동 74
전화 : 737-2795

편집설계 : 李娅旲

ISBN 89-8038-566-8 94300
ISBN 89-8038-050-X(세트/현대신서)

【東文選 文藝新書】

■ 너무한 당신, 노무현	현택수 칼럼집	9,000원
■ 노력을 대신하는 것은 없다	R. 쉬이 / 유혜련	5,000원
■ 노블레스 오블리주	현택수 사회비평집	7,500원
■ 딸에게 들려 주는 작은 지혜	N. 레흐레이트너 / 양영란	6,500원
■ 미래를 원한다	J. D. 로스네 / 문 선·김덕희	8,500원
■ 바람의 자식들—정치시사 칼럼집 현택수		8,000원
■ 사랑의 존재	한용운	3,000원
■ 산이 높으면 마땅히 우러러볼 일이다	유 향 / 임동석	5,000원
■ 서기 1000년과 서기 2000년 그 두려움의 흔적들	J. 뒤비 / 양영란	8,000원
■ 서비스는 유행을 타지 않는다	B. 바게트 / 정소영	5,000원
■ 선종이야기	홍 희 편저	8,000원
■ 섬으로 흐르는 역사	김영희	10,000원
■ 세계사상	창간호~3호: 각권 10,000원 / 4호: 14,000원	
■ 손가락 하나의 사랑 1, 2, 3	D. 글로슈 / 서민원	각권 7,500원
■ 십이속상도안집	편집부	8,000원
■ 얀 이야기 ① 얀과 카와카마스	마치다 준 / 김은진·한인숙	8,000원
■ 어린이 수묵화의 첫걸음(전6권)	趙 陽 / 편집부	각권 5,000원
■ 오늘 다 못다한 말은	이외수 편	7,000원
■ 오블라디 오블라다, 인생은 브래지어 위를 흐른다	무라카미 하루키 / 김난주	7,000원
■ 이젠 다시 유혹하지 않으련다	P. 쌍소 / 서민원	9,000원
■ 인생은 앞유리를 통해서 보라	B. 바게트 / 박해순	5,000원
■ 자기를 다스리는 지혜	한인숙 편저	10,000원
■ 천연기념물이 된 바보	최병식	7,800원
■ 原本 武藝圖譜通志	正祖 命撰	60,000원
■ 테오의 여행 (전5권)	C. 클레망 / 양영란	각권 6,000원
■ 한글 설원 (상·중·하)	임동석 옮김	각권 7,000원
■ 한글 안자춘추	임동석 옮김	8,000원
■ 한글 수신기 (상·하)	임동석 옮김	각권 8,000원

【만 화】

■ 동물학	C. 세르	14,000원
■ 블랙 유머와 흰 가운의 의료인들	C. 세르	14,000원
■ 비스 콩프리	C. 세르	14,000원
■ 세르(평전)	Y. 프레미옹 / 서민원	16,000원
■ 자가 수리공	C. 세르	14,000원
▨ 못말리는 제임스	M. 톤라 / 이영주	12,000원
▨ 레드와 로버	B. 바세트 / 이영주	12,000원

【동문선 주네스】

■ 고독하지 않은 홀로되기	P. 들레름·M. 들레름 / 박정오	8,000원
■ 이젠 나도 느껴요!	이사벨 주니오 그림	14,000원
■ 이젠 나도 알아요!	도로테 드 몽프리드 그림	16,000원

東文選 現代新書 42

진보의 미래

도미니크 르쿠르
김영선 옮김

 과거를 조명하지 않고는 진보 사상에 대한 미래를 예견할 수 없다. 진보라는 단어의 현대적 의미가 만들어진 것은 17세기 베이컨과 더불어였다. 이 진보주의 학설은 당시 움직이는 신화가 되었으며, 공산주의자들이 그것을 계승한 20세기까지 그러하였다. 저자는 진보주의 학설이 발생시킨 '정치적' 표류만큼이나 '과학적' 표류를 징계하며, 미래의 윤리학으로 이해된 진보에 대한 요구에 새로운 정의를 주장한다.

 발달과 성장이라는 것은 복지와 사회적 화합에서 비롯된 두 가지 양식인가? 단연코 그렇지 않다. 작가는 비관주의에 빠지지 않으면서도 다소 어두운 시대적 도표를 작성한다. 생활윤리학 · 농업 · 환경론 및 새로운 통신 기술이 여기서는 비판적이면서도 개방적인 관점에서 언급된다.

 과학과 기술을 혼동함에 따라 사람들은 무엇에 대해 말하고 있는지 더 이상 알지 못한다. 정치 분야와 도덕의 영역을 혼동함에 따라 무엇을 생각해야 할지 또한 더 이상 알지 못한다. 작가는 철학의 새로운 평가에 대해 옹호하고, 그래서 그는 미덕의 가장 근본인 용기를 주장한다. 그가 이 책에서 증명하기를 바라는 것은 두려움의 윤리에 대항하며, 방법을 아는 조건하에서는 모든 사람이 철학을 할 수 있다는 점인 것이다.

東文選 現代新書 153

세계의 폭력

장 보드리야르 / 에드가 모랭
배영달 옮김

충격으로 표명된 최초의 논평 이후 2001년 9월 11일의 뉴욕 테러 사건을 어떻게 해석해야 할까? 미국 영토에서 발생한 테러리즘에 대한 이 눈길을 끄는 표현은 무엇을 의미하는 것일까?

아랍세계연구소에서 개최된 이 두 강연을 통해서, 장 보드리야르와 에드가 모랭은 이 사건을 '세계화'의 현재의 풍경 속에 다시 놓고 생각한다.

보드리야르의 관점에서 보면 쌍둥이 빌딩이라는 거만한 건축물은 쌍둥이 빌딩의 파괴와 무관하지 않으며, 금융의 힘과 승승장구하던 자유주의에 바쳐진 세계의 상징적 붕괴와 무관하지 않다. "극단적으로 말해서 테러리스들이 이 일을 저질렀지만, 그것은 우리가 원하는 바였다."고 그는 역설한다.

자신이 심사숙고한 중요한 주제들이 발견되는 한 텍스트를 통해, 에드가 모랭은 테러 행위를 가능하게 만들었던 역사적 조건들을 상기시키고, 나아가 다른 미래를 창조하기 위해 세계적인 자각에 호소한다.

이 두 강연은 현대 테러리즘의 의미와, 이 절대적 폭력이 탄생할 수 있는 세계의 상황을 이해하는 데 매우 중요한 것이 되고 있다.

東文選 現代新書 129

번영의 비참

— 종교화한 시장 경제와 그 적들

파스칼 브뤼크네르 / 이창실 옮김

'2002 프랑스 BOOK OF ECONOMY賞' 수상
'2002 유러피언 BOOK OF ECONOMY賞' 특별수훈

번영의 한가운데서 더 큰 비참이 확산되고 있다면 세계화의 혜택은 무엇이란 말인가?

모든 종교와 이데올로기가 붕괴되는 와중에 그래도 버티는 게 있다면 그건 경제다. 경제는 이제 무미건조한 과학이나 이성의 냉철한 활동이기를 그치고, 발전된 세계의 마지막 영성이 되었다. 이 준엄한 종교성은 이렇다 할 고양된 감정은 없어도 제의(祭儀)에 가까운 열정을 과시한다.

이 신화로부터 새로운 반체제 운동들이 사람들의 마음을 사로잡는다. 시장의 불공평을 비난하는 이 운동들은 지상의 모든 혼란의 원인이 시장에 있다고 본다. 그러나 실상은 그렇게 하면서 시장을 계속 역사의 원동력으로 삼게 된다. 신자유주의자들이나 이들을 비방하는 자들 모두가 같은 신앙으로 결속되어 있는 만큼 그들은 한통속이라 할 수 있다.

그렇다면 우리가 벗어나야 하는 것은 자본주의가 아니라 경제만능주의이다. 사회 전체를 지배하려 드는 경제의 원칙, 우리를 근면한 햄스터로 실추시켜 단순히 생산자·소비자 혹은 주주라는 역할에 가두어두는 이 원칙을 너나없이 떠받드는 상황에서 벗어나야 한다. 일체의 시장 경제 행위를 원위치에 되돌려 놓고 시장 경제가 아닌 자리를 되찾아야 한다. 이것은 우리 삶의 의미와도 직결되는 문제이기 때문이다.

파스칼 브뤼크네르: 1948년생으로 오늘날 프랑스에서 가장 영향력 있는 에세이스트이자 소설가이기도 하다. 그는 매 2년마다 소설과 에세이를 번갈아 가며 발표하고 있다. 주요 저서로는 《순진함의 유혹》(1995 메디치상), 《아름다움을 훔친 자들》(1997 르노도상), 《영원한 황홀》 등이 있으며, 1999년에는 프랑스에서 가장 많이 팔린 작가로 뽑히기도 하였다.

텔레비전에 대하여

피에르 부르디외

현택수 옮김

 텔레비전으로 방송된 이 두 개의 콜레주 드 프랑스에서의 강의
는 명쾌하고 종합적인 형태로 텔레비전 분석을 소개하고 있다. 첫
번째 강의는 텔레비전이라는 작은 화면에 가해지는 보이지 않는
검열의 메커니즘을 보여 주고, 텔레비전의 영상과 담론의 인위적
구조를 만드는 비밀들을 보여 주고 있다. 두번째 강의는 저널리즘
계의 영상과 담론을 지배하고 있는 텔레비전이 어떻게 서로 다른
영역인 예술·문학·철학·정치·과학의 기능을 깊게 변화시키는
지를 설명하고 있다. 이러한 현상은 시청률의 논리를 도입하여 상
업성과 대중 선동적 여론의 요구에 복종한 결과이다.

 이 책은 프랑스에서 출판되자마자 논쟁거리가 되면서, 1년도
채 안 되어 10만 부 이상 팔려 나가 베스트셀러 리스트에 오르
고, 세계 각국에서 번역되어 읽혀지고 있는 피에르 부르디외의
최근 대표작 중 하나이다. 인문사회과학 서적으로서 보기 드문
이같은 성공은, 프랑스 및 세계 주요국의 지적 풍토를 말해 주
고 있다. 이처럼 이 책이 독자 대중의 폭발적인 반응과 기자 및
지식인들의 지속적인 반향을 불러일으키는 이유는, 세계적으로
잘 알려진 그의 학자적·사회적 명성 때문이기도 하지만 무엇
보다도 언론계 기자·지식인·교양 대중들 모두가 관심을 가질
만한 논쟁적인 내용을 담고 있기 때문이다.